Klaus Zierer

Lernen 4.0
Pädagogik vor Technik

Möglichkeiten und Grenzen einer
Digitalisierung im Bildungsbereich

Erweitertete und aktualisierte
3. Auflage

Schneider Verlag Hohengehren GmbH

Umschlagfoto: © Exentia – Fotolia.com

Gedruckt auf umweltfreundlichem Papier (chlor- und säurefrei hergestellt).

Bibliografische Information der Deutschen Nationalbibliothek

Die Deutsche Nationalbibliothek verzeichnet diese Publikation in der Deutschen Nationalbibliografie; detaillierte bibliografische Daten sind im Internet über ›http://dnb.dnb.de› abrufbar.

ISBN: 978-3-8340-2030-7

Schneider Verlag Hohengehren, D-73666 Baltmannsweiler

Homepage: www.paedagogik.de

Alle Rechte, insbesondere das Recht der Vervielfältigung sowie der Übersetzung, vorbehalten. Kein Teil des Werkes darf in irgendeiner Form (durch Fotokopie, Mikrofilm oder ein anderes Verfahren) ohne schriftliche Genehmigung des Verlages reproduziert werden.

© Schneider Verlag Hohengehren, Baltmannsweiler 2020.
　Printed in Germany. Druck: Appel & Klinger, Schneckenlohe

„Denn es ist zuletzt doch nur der Geist,
der jede Technik lebendig macht."

Johann Wolfgang von Goethe

Inhaltsverzeichnis

Vorwort	9
1 Wider einen Technisierungswahn!? Digitalisierung zwischen Euphorie und Apokalypse	**13**
These: Kinder heute sind Digital Natives	17
These: Hard- und Software heute sind revolutionär	18
Antithese: Digitalisierung ist schädlich	19
Antithese: Digitalisierung ist ungesund	21
Synthese: Digitalisierung als Bestandteil der heutigen Lebenswelt	23
2 Die Herausforderung: Lernen 4.0	**33**
Der Bildungs- und Erziehungsauftrag von Schule	35
Medienbildung als Ziel	37
Digitales Lernen	40
3 Was wissen wir über den Einfluss neuer Medien auf die schulischen Leistungen von Kindern und Jugendlichen?	**47**
„Visible Learning" als Grundlage	50
Allgemeine Ergebnisse im Hinblick auf digitales Lernen	55
Der Faktor: Webbasiertes Lernen	58
Der Faktor: Visuelle und audio-visuelle Medien	58
Der Faktor: Programmierte Instruktion	59
Der Faktor: Nutzung von Taschenrechnern	60

Der Faktor: Computerunterstützung	61
Der Faktor: Laptop-Einzelnutzung	63
Der Faktor: Smartphones	64
Der Faktor: Einsatz von PowerPoint	67
Der Faktor: Interaktive Lernvideos	68
Der Faktor: Intelligentes Tutoringsystem	69
Der Faktor: Digitalisierung bei besonderem Förderbedarf	71
Der Faktor: Flipped Classroom	72
Schlussfolgerung: Lernen bleibt Lernen	75

4 Vom Informationsträger zur Informationsverar-beitungE – Ein Modell zur Orien-tierung   **85**

Das SAMR-Modell	88
Die Ebene der Ersetzung: Substitution	91
Die Ebene der Erweiterung: Augmentation	92
Die Ebene der Änderung: Modification	93
Die Ebene der Neubelegung: Redefinition	94
Das iPAC-Modell	96
Das Grundprinzip der Personalisierung: Personalization	98
Das Grundprinzip der Authentizität: Authenticity	99
Das Grundprinzip der Zusammenarbeit: Collaboration	100
Das SAMR-Modell und das iPAC-Modell verbinden: Ein integratives Modell	105
Schlussfolgerung: Die Frage nach dem Warum	109

5 Lehrerprofessionalität als entscheidender Faktor   **125**

Was ist Lehrerprofessionalität?	127
Der Faktor „Erlebnispädagogische Maßnahmen"	139
Der Mensch im Zentrum	141

6 Conclusio: Pädagogik vor Technik	**147**
Die Grammatik des Lernens	149
Was sind die nächsten Schritte auf dem Weg zur digitalen Schule?	152
Nachdenken über eine Post-Digitalisierung	156
Bildung vor Lernen und Lernen vor Technik	158
Literatur	*161*
Bildquellenverzeichnis	*166*

Vorwort

Kaum ein Thema hat in den letzten Jahren über nahezu alle Felder menschlichen Denkens und Handelns hinweg den Diskurs so dominiert wie Digitalisierung. Ob im Kontext von Industrie und Wirtschaft, Politik und Verwaltung, Medizin und Gesundheit, Wissenschaft und Fortschritt oder Schule und Unterricht: Digitalisierung gilt als Zukunftsaufgabe.

So nachvollziehbar diese Positionierungen in den einzelnen gesellschaftlichen Bereichen sein mögen und so wichtig Digitalisierung erscheinen mag, sie ist nicht unumstritten. Darauf hat bereits Martin Heidegger, insbesondere in „Die Frage nach der Technik" (1954), hingewiesen, ohne auch nur eine Ahnung davon haben zu können, was Technik heute möglich machen kann. Auf der Suche nach dem Wesen der Technik kommt er zu einem wichtigen Ergebnis: Technik kann dem Menschen seine Freiheit nehmen. Seine Sorge, dass Technik den Menschen in eine Abhängigkeit führt, ist berechtigt und macht im Zeitalter einer Digitalisierung darauf aufmerksam, dass neben den Möglichkeiten immer auch die Grenzen und die Gefahren in den Blick zu nehmen sind.

Ebenso wie Technik ist Digitalisierung immer nur als Mittel zum Zweck zu sehen. Sobald sie zum Selbstzweck wird und Menschen sich in ihr verlieren, ist Vorsicht geboten. Wenn Kinder mehr Zeit vor dem Computer verbringen als mit Freunden, wenn Jugendliche es vor lauter Digitalisierung keine fünf Minuten schaffen, ihren Account nicht auf neue Nachrichten zu prüfen, und wenn Eltern mehr Zeit mit ihrem Smartphone spielen als mit ihren Kindern, dann müssen wir uns Sorgen machen.

Das vorliegende Buch möchte hierzu einen Beitrag leisten: Es setzt sich das Ziel, Möglichkeiten und Grenzen einer Digitalisierung im Bildungsbereich zu erläutern und vor allem jene Bereiche herauszukristallisieren, in denen sich digitales Lernen als Mehrwert zeigt, aber auch jene, wo es mit Sicherheit besser ist, nicht digital zu lernen. Vor diesem Hintergrund versteht sich der Titel „Lernen 4.0: Pädagogik vor Technik" nicht als Provokation. Vielmehr möchte er auf Fehlannahmen in der Verbindung von Pädagogik und Technik aufmerksam machen, die in eine Gleichwertigkeit beider münden. Denn damit verbindet sich die Gefahr, den Kern des Pädagogischen aus den Augen zu verlieren: den Menschen. Erziehung und Unterricht stehen immer in der Verantwortung, der Bildung des Menschen zu dienen. Folglich ist der Mensch Start und Ziel. Dieser Grundsatz muss auch für eine Digitalisierung im Bildungsbereich gelten. Das Digitale kann das Pädagogische nicht ersetzen. Stattdessen ist das Digitale dem Pädagogischen unterzuordnen.

Wie jedes Buch so verdankt auch dieses sein Entstehen dem Austausch mit vielen Menschen. Insofern sei ein allgemeiner Dank an all diejenigen gerichtet, die sich an der einen oder anderen Stelle wiederfinden. Ein besonderer Dank ergeht aber an Josef Schätz, als Bereichsleiter an der Regierung von Niederbayern zuständig für alle schulischen Fragen. Er hat mich in vielen Gesprächen über Schule und Unterricht immer wieder auf das Thema einer Digitalisierung von Bildung hingewiesen und mich zu verschiedenen Vorträgen eingeladen – aus Kooperation ist Freundschaft entstanden. Durch die damit verbundene Auseinandersetzung ist letztendlich ein umfassender Blick auf das Lernen 4.0 entstanden, so wie er im Folgenden offengelegt wird.

Die erste Auflage von „Lernen 4.0" erschien im Sommer 2017. Durch den damals stattfindenden Bundestagswahlkampf, in dem Digitalisierung eines der zentralen Themen war, stieß es umgehend auf größeres Interesse. Es folgten erste Rezensionen, weitere eigene Artikel in Fachjournalen und der Tagespresse, Vorträge, Interviews und Diskussionsrunden auf unterschiedlichen Ebenen. Zudem erstellte mein Lehrstuhl für Schulpädagogik an der Universität Augsburg in Kooperation mit dem Hasso-Plattner-Institut einen MOOC zum Thema „Lernen 4.0", integriert in das BMBF geförderte Projekt „Schul-Cloud". Dank all dieser Aktivitäten konnte ich binnen kürzester Zeit viele Erfahrungen im Umgang mit meinen Positionen zur Digitalisierung im Bildungsbereich sammeln und erhielt zahlreiche Rückmeldungen. Das alleine hätte es schon gerechtfertigt, nach Abverkauf der ersten Auflage im Frühjahr 2018 eine zweite Auflage vorzulegen. Hinzugekommen war aber ein weiterer Punkt: John Hattie

Vorwort

überarbeitete Ende 2017 den Datensatz von „Visible Learning" und legte eine Liste von über 250 Faktoren vor, die er aus über 1 400 Meta-Analysen extrahierte. Angesichts des globalen Interesses an einer Digitalisierung war nicht überraschend, dass in diesem Kontext eine Reihe von Faktoren hinzugekommen ist. Diese fanden Eingang in die zweite Auflage, so dass nicht nur aus argumentativer Sicht, sondern auch aus empirischer Sicht eine wichtige Aktualisierung stattfand. Da das Thema aktuell immer noch in den öffentlichen Debatten und vor allem auch in der schulpraktischen Arbeit allgegenwärtig ist, war es erfreulich, dass auch die zweite Auflage ein halbes Jahr nach Erscheinen abverkauft war und eine erneute Überarbeitung möglich wurde. Die nun vorgelegte dritte Auflage habe ich genutzt, um eine Reihe von Aktualisierungen in der Empirie und einige Schärfungen in der Argumentation einzubauen. Zwei andere Publikationen haben mich dabei besonders beeinflusst: Zum einen „Visible Learning: Auf den Punkt gebracht", das John Hattie und ich gemeinsam verfassten und den neuen Datensatz von über 1 400 Meta-Analysen detailliert in den Blick nimmt. Zum anderen die englische Fassung von „Lernen 4.0", die bei Routledge unter dem Titel „Putting Learning before Technology!" erschien und damit verstärkt den internationalen Diskurs berücksichtigt. Trotz all dieser Überarbeitungen ist es mir wichtig zu betonen, dass die Kernbotschaft dieselbe bleibt: Pädagogik vor Technik.

Leserinnen und Leser werden eingeladen, sich kritisch und konstruktiv mit den vorgebrachten Thesen auseinanderzusetzen. Sofern meine Ausführungen die eine oder andere Frage über das eigene Leben sowie über das eigene Denken und Handeln in pädagogischen Kontexten aufwerfen, habe ich mein Ziel vollends erreicht.

Marklkofen, im März 2019

Klaus Zierer

1 Wider einen Technisierungswahn!? Digitalisierung zwischen Euphorie und Apokalypse

REFLEXIONSAUFGABE:

> Reflektieren Sie, was Sie bereits über eine Digitalisierung wissen: Welche Bereiche kennen Sie, wo Digitalisierung zu Revolutionen führt? Welche Bereiche kennen Sie, wo Digitalisierung hinter ihren Versprechen zurückbleibt? Und welche Bedeutung messen Sie einer Digitalisierung im Bildungsbereich bei?

ZIELE:

> In diesem Kapitel wird der Versuch unternommen, Digitalisierung als Kristallisationspunkt des öffentlichen Diskurses zu kennzeichnen. Dabei wird sowohl auf Positionen einzugehen sein, die einer Digitalisierung euphorisch gegenüberstehen, aber ebenso auch auf Positionen, die in einer Digitalisierung mehr Gefahren als Nutzen sehen. Wenn Sie dieses Kapitel gelesen haben, dann sollten Sie folgende Fragen beantworten können:
>
> - Was bedeutet der Begriff „digital natives" und wodurch zeichnet sich diese Generation aus?
> - Inwiefern lässt sich mit Blick auf die Hard- und Software angesichts der Entwicklungen in den letzten zehn, zwanzig Jahren von einer Revolution sprechen?
> - Welche Gefahren einer Digitalisierung lassen sich im Hinblick auf Lern- und Entwicklungsprozesse nennen?
> - Wie zeigt sich der Erkenntnisstand angesichts möglicher Auswirkungen einer Digitalisierung auf die menschliche Gesundheit?
> - Wie digitalisiert zeigt sich unsere Lebenswelt?
> - Welche Schlussfolgerungen lassen sich daraus für eine Digitalisierung im Bildungsbereich ziehen?

Wider einen Technisierungswahn!?

Es zählt aktuell zu den wichtigsten politischen Aufgaben, Digitalisierung in allen gesellschaftlichen Bereichen voranzutreiben – nur beispielhaft sei auf das Interview von Angela Merkel bei Anne Will aus dem Jahr 2016 erinnert, als sie Digitalisierung als eines der Schlüsselthemen für ihre nächste Kanzlerschaft auserkoren hat. Dabei ist es bedeutungslos, ob im Kontext von Industrie und Wirtschaft, Politik und Verwaltung, Medizin und Gesundheit, Wissenschaft und Fortschritt oder Schule und Unterricht argumentiert wird. Digitalisierung gilt als Zukunftsaufgabe und die Sorge, hier den Anschluss zu verlieren, treibt alle um.

Davor machen demnach auch bildungspolitischen Diskussionen nicht halt. Die Aufgabe, Schulen nicht nur ans Netz zu bringen, sondern auch mit der dazugehörigen neuesten Technik auszustatten, ist parteiübergreifend Programm. Dementsprechend findet sich kaum ein Bildungsministerium in allen Ländern der Erde, das nicht eine Initiative in diesem Bereich gestartet hat. Für den deutschsprachigen Raum reichen beispielsweise die Devisen von „Medienoffensive" über „Lernen 2.0" bis hin zur „Digitalen Revolution". In diese Richtung weist auch der Vorstoß der Bundesministerin für Bildung und Forschung, Johanna Wanka, aus dem Jahr 2016: Fünf Milliarden Euro für 40 000 Schulen sollen helfen, um in den nächsten fünf Jahren aus Schulen digitale Lernanstalten zu machen. Obschon die Gelder zum Zeitpunkt des Vorstoßes noch nicht zur Verfügung standen, diese klare Positionierung war und ist Programm.

Für viele stellt Digitalisierung folglich den entscheidenden Schritt dar, um Bildung und Erziehung in ein neues Jahrtausend zu führen. Dabei ist es gar nicht selbstverständlich, was unter „Digitalisierung" zu verstehen ist. Denn der Begriff „Digitalisierung" bringt im öffentlichen Diskurs Unschärfen mit sich, wurde und wird er als Sammelbegriff für eine Reihe von aktuellen technischen Entwicklungen verwendet: Ist ein Lernen mit Computer noch digitales Lernen oder erst ein Lernen mit Tablets? Zählt die Arbeit mit Smartboards auch dazu? Und was ist mit Taschenrechnern?

Gerade aber diese Unschärfe ist es, die den Begriff „Digitalisierung" für das vorliegende Buch sinnvoll erscheinen lässt. Denn alle technischen Entwicklungen der letzten Jahrzehnte – das Radio, der

Overheadprojektor, der Taschenrechner, das Tonband, der Fernseher, der Computer, das Smartboard, das Smartphone oder das Tablet – haben eines gemein: Sie changieren in der Diskussion zwischen Euphorie und Apokalypse.

Der damit verbundene Hype um „digitales Lernen" wird von einflussreichen Massenmedien vorangetrieben, indem sie immer wieder Drohszenarien verbreiten: „Die digitale Welt hört vor dem Schultor auf" heißt es in der 47. Ausgabe der „Zeit" von 2014, „Lehrer ohne Anschluss" titelt „Spiegel Online" am 12. November desselben Jahres und bereits Ende Oktober 2010 lautete die Überschrift eines Artikels auf „Focus Online": „Lehrer behandeln neue Medien stiefmütterlich". Die Botschaft ist klar: Nur wer digitales Lernen ins Zentrum von Schulen und Unterricht rückt, kann zeitgemäße und erfolgreiche Bildungsarbeit leisten.

Nicht wenige Lehrpersonen sehen sich angesichts dieser bildungspolitischen Berichterstattung mit dem Rücken zur Wand und haben Sorge, manchmal sogar Ängste, etwas verpasst zu haben und vieles falsch zu machen. Für jene mögen die kritischen Stimmen, die einer Digitalisierung weniger Euphorie entgegenbringen, Balsam auf die Seele sein. Und bei näherer Betrachtung dieser Positionen ist nicht von der Hand zu weisen, dass so manche Versprechen einer Digitalisierungseuphorie in der Realität einer Ernüchterung weichen müssen. Vor diesem Hintergrund ist es kein Wunder, dass das Pendel in der Diskussion sodann auch schnell in Richtung einer Digitalisierungsapokalypse zurückschlägt. Welche Stränge lassen sich also in dieser Auseinandersetzung finden? Welches sind die zentralen Botschaften und wie lässt sich das damit verbundene Spannungsverhältnis auflösen?

Um dies Fragen beantworten zu können, werden im Folgenden Thesen und Antithesen einer Digitalisierung im Bildungsbereich erläutert. Ohne den Anspruch auf Vollständigkeit erheben zu wollen, ist es dabei das Ziel, die Breite und Schärfe der Diskussion sichtbar zu machen. Schlussendlich wird der Versuch unternommen, beide Sichtweisen in Form einer Synthese zusammenzuführen.

These: Kinder heute sind Digital Natives

Es ist eines der beständigsten Argumente, das in der Auseinandersetzung zwischen Digitalisierungsgegnern und Digitalisierungsbefürwortern genannt wird: Kinder und Jugendliche heute sind Digital Natives. Diese These wurde unter anderem von Marc Prensky (2001) formuliert und sie ist auf folgender Ebene unstrittig: Kinder und Jugendliche wachsen in einer Lebenswelt auf, in der eine Digitalisierung fester Bestandteil ist. So finden sich in jedem Haushalt nicht nur Radio, Fernsehen und Telefon, sondern auch Computer, Smartphone und Tablet. Die Nutzung neuer Medien und des Internets ist zwar für Eltern ebenso wie für ihre Kinder eine Selbstverständlichkeit, aber mit dem Unterschied, dass Eltern diesen Umgang im Lauf ihres Lebens erlernen mussten, während ihre Kinder damit von Geburt an konfrontiert werden. Die Theorie der Digital Natives geht noch weiter: Erstens wird argumentiert, dass ältere Generationen Gefahr laufen, zu Digital Immigrants zu werden. Vor allem Lehrpersonen seien davon betroffen, weil sie mit den Erfahrungen der Digital Natives nicht mithalten können und insofern auch nicht in der Lage sind, Lernprozesse für diese zu gestalten. Zweitens wird daran anschließend gefolgert, dass sich das Lernen von Digital Natives selbst verändert hat. Beide Implikationen sind aus erziehungswissenschaftlicher Sicht nicht haltbar, wie weiter unten nochmals erläutert wird. Insofern soll im Folgenden ein Blick auf die Lebenswelt der Digital Natives geworfen werden, der sich in der Tat verändert hat (vgl. zum Folgenden Bundesministerium für Familie, Senioren, Frauen und Jugend, 2017):

Eines der wesentlichen Kennzeichen einer Digitalisierung der Lebenswelt ist die Dichotomie von Freiheit und Zwang: Auf der einen Seite ermöglicht Digitalisierung beispielsweise, Raum und Zeit zu überwinden und eine Kommunikation zu jeder Zeit und an jedem Ort zu führen. Die Grenzen von Raum und Zeit scheinen sich zu verflüchtigen. Auf der anderen Seite zwingt einen Digitalisierung, genau diese Freiheit aufzugeben: Überall erreichbar und mit vielen Menschen vernetzt zu sein, bedeutet auch, immer und überall zur Verfügung zu stehen. Damit wird digitale Kommunikation und Vernetzung zu einem, wenn nicht dem Merkmal von Kindheit und Jugend, und es überrascht nicht, wenn eine entsprechende Kommerzialisierung dies als Markt begreift. In der Folge haben heute fast 100 Prozent der Zwölf- bis 25-Jährigen ein eigenes Smartphone, mit dem sie fast jeden Tag ins Internet gehen. Die Internetnutzung fällt nach Auskunft der Jugendlichen heterogen aus. Für eine Informationsbeschaffung wird im Vergleich zu den Bereichen „Unterhaltung" und „Spiele" nur wenig Zeit zur Verfügung gestellt, wohingegen mit Abstand am meisten Zeit für die Kommunikation verbraucht wird. Hält man sich vor Augen, dass Jugendliche an die 300 solcher sozialer Kontakte haben und täglich mit über 100 kommunizieren, wird ersichtlich, wie sich die Lebenswelt aufgrund einer Digitalisierung verändert hat und mit ihr die Aufgabe der eigenen Identitätsfindung (vgl. Montag, 2018) – auf mögliche Gefahren, beispielsweise eines Cybermobbing, eines Datenmissbrauches und einer Manipulation, sei an dieser Stelle nur hingewiesen.

These: Hard- und Software heute sind revolutionär

Die technische Entwicklung hat in den letzten Jahren rasant an Fahrt zugenommen. Ein Beispiel aus dem Bereich der Computer-technologie ist die Gegenüberstellung des Zuse 3, ein Rechnergenie für damalige Zeiten, das viel Platz brauchte und sich kaum jemand leisten konnte, und eines gewöhnlichen NotE-Books von heute, das vergleichsweise günstig in der Anschaffung ist und auch überall mit hin genommen werden kann:

In gleicher Weise, wie das Tempo der technischen Entwicklung zunimmt, werden auch die Zeiträume ihrer Adaption durch die

Menschen kürzer: Brauchte das Radio noch mehrere Jahrzehnte, um von den meisten Menschen akzeptiert und benutzt zu werden, reichte dem Fernsehen gerade mal ein Jahrzehnt, dem Internet sogar nur wenige Jahre und neue Apps schaffen es in nur wenigen Wochen und Monaten, den Markt zu erobern. Mit jeder dieser Innovationen können sich neue Möglichkeiten der Kommunikation und Interaktion ergeben.

Das Tempo der Veränderung nimmt also zu – und zwar so sehr, dass Innovationszyklen nicht mehr einige Jahre brauchen und damit Aufgabe einer Generation sind, sondern nur noch wenige Monate und damit zur Herausforderung für jeden Einzelnen werden. Die Hoffnung vieler Menschen, dass eine Digitalisierung ungeahnte Möglichkeiten eröffnen wird, ist vor diesem Hintergrund nach-vollziehbar.

Antithese: Digitalisierung ist schädlich

Es mag zur Selbstverständlichkeit einer (technischen) Errungenschaft gehören, dass neben Zustimmung auch Kritik geäußert wird. Insofern gilt dies auch im Kontext einer Digitalisierung. Bemerkenswert ist sie für die Zielsetzung des vorliegenden Buches deshalb, weil sie von Anfang an den pädagogischen Wert neuer Medien infrage stellt und beispielsweise die These vertritt, dass eine zunehmende Digitalisierung Lernen sogar verhindern könne.

Dieses Phänomen wird von Bildungsforscherinnen und Bildungsforschern, wie beispielsweise Maryanne Wolf (2007), bereits beim Lesen von Texten im Internet beobachtet, da es auch im WorldWideWeb zu schnellen Aufmerksamkeitsverschiebungen kommt und dort vielfältige Ablenkungsquellen vorhanden sind. Vor diesem Hintergrund wird sogar davon ausgegangen, dass eine extensive Nutzung des Internets zu Konzentrationsschwierigkeiten und einer Verschlechterung des tiefen und komplexen Denkens führen kann (vgl. Hattie & Yates, 2015; Stetina & Kryspin-Exner, 2009). Neil Postman (1988), seines Zeichens Pionier der modernen Technikkritik, schreibt vor dem Hintergrund ähnlicher Studien: Wer annimmt, Technik „sei stets ein Freund der Kultur, der ist zu dieser vorgerückten Stunde nichts als töricht."

„Is Google making us stupid?" lautet dementsprechend eine provokante Formulierung von Nicolas Carr (2010) hierzu ein Beispiel, das vielen Leserinnen und Lesern bekannt sein dürfte:

Man reist in eine fremde Stadt und findet nicht auf Anhieb den Weg zum Hotel. Schnell zückt man sein Smartphone und sucht sich per App den Weg zu seinem Ziel, das man dadurch sicherlich schnell erreicht. Aber ebenso offensichtlich ist, dass die mögliche Herausforderung, sich zu orientieren, fremde Menschen anzusprechen und nach dem Weg zu fragen, dadurch nicht angenommen wird.

Interessant ist in diesem Zusammenhang die Untersuchung von Pam A. Mueller und Daniel M. Oppenheimer (2014), die unter dem Titel „The Pen Is Mightier Than The Keyboard" erschienen ist. Darin untersuchen sie, inwiefern sich die Erinnerungsleistung von Studierenden unterscheiden, wenn sie ihre Notizen entweder mit Papier und Bleistift oder mit Laptop machen. Das Resultat ist eindeutig: Sowohl im Hinblick auf einfache Reproduktions-leistungen als auch im Hinblick auf komplexe Transferleistungen schneiden Studierende, die mit Papier und Bleistift ihre Aufzeichnungen anfertigen, besser ab als Studierende, die den Laptop benutzen. Ein Grund dafür wird in der stärkeren kognitiven Durchdringung und Strukturierung des Gehörten gesehen, die bei Studierenden, die mit Papier und Bleistift arbeiten, dazu führt, dass sie wesentlich weniger Wörter niederschreiben. Wenn man es pointiert sagen möchte: Neue Medien können im Vergleich zu traditionellen Medien auch Lernen verhindern.

In den letzten Jahren ist hierzu eine Reihe von Forschung durchgeführt worden, so dass es mittlerweile auch erste Meta-Analysen dazu gibt: Aaron W. Kates, Huang Wu und Chris L. S. Coryn (2018) gehen in einer Meta-Analyse der Frage nach, welchen Einfluss die Dauer der außerschulischen Smartphonenutzung auf die schulischen Lernleistungen hat und werten dazu 39 Primärstudien aus. Mit derselben Zugangsweise werten Caroline Marker, Timo Gnambs und Markus Appel (2018) 46 Primärstudien aus, die den Einfluss von sozialen Medien (Facebook, Twitter & Co.) auf die Lernleistung untersuchen. In beiden Meta-Analysen ist das Ergebnis eindeutig: Je länger sich Kinder und Jugendliche in ihrer Freizeit mit ihren Smartphones beschäftigen und je mehr Zeit sie in sozialen Medien verbringen, desto geringer ist die schulische Lernleistung.

Manfred Spitzer geht noch einen Schritt weiter und prophezeit sogar eine „Digitale Demenz". Die folgende Übersicht versucht das damit verbundene Schreckensszenario in eine biographische Rei-hung zu bringen (vgl. Spitzer 2014, S. 298):

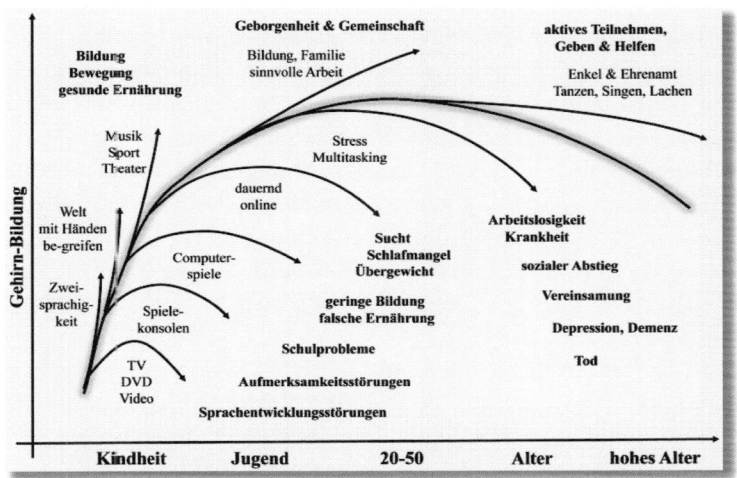

Quelle: vgl. Spitzer 2014

Vor diesem Hintergrund schlägt er unter anderem eine altersgemäße und zeitliche Begrenzung von neuen Medien, eine weitest gehende Verbannung der Informationstechnik aus Schulen, eine Lern-förderung durch nicht-digitale Angebote sowie eine Konzentration auf die reale Welt vor.

Das Problem der Digitalisierung, so könnte man angesichts Neil Postmans Buches „Wir amüsieren uns zu Tode" (1988) folgern, ist nicht, dass Menschen lachen statt nachzudenken. Das Problem ist vielmehr, dass sie nicht mehr wissen, worüber sie lachen, und aufgehört haben, darüber nachzudenken.

Antithese: Digitalisierung ist ungesund

Ein Argument, das im Rahmen dieser Auseinandersetzung mit einer Digitalisierung nicht fehlen darf, auch wenn man sich bei vielen damit den Ruf eines Romantikers, eines Ewig-Gestrigen einhandelt: Digitalisierung bringt eine Reihe von bis heute ungeklärten Fragen mit sich, die mit Blick auf die Gesundheit aufgeworfen werden. Unter dem Begriff „Elektrosmog" wird all das zusammengefasst und bis heute kann keine Studie sicher glaubhaft machen, dass eine permanente Aussetzung des Körpers mit WLAN- oder Handy-strahlung nicht doch zu (weitreichenden) Gesundheitsschäden führen kann. Vielmehr gibt es für die gegenteilige Annahme eine Reihe von Hinweisen: Eine stete Zunahme von Aufmerksamkeitsstörungen und psychosomatischen Erkrankungen in unserer Gesellschaft sind deutliche Anzeichen dafür, dass sich die Lebensbedingungen verändern, ja vom Menschen entfernen (vgl. Montag, 2018). Eine der gravierendsten Veränderungen in der heutigen Lebenswelt sind zweifelsfrei die neuen Medien, so dass diese aus erziehungswissenschaftlicher Sicht kritisch zu betrachten sind.

Nicht zuletzt sollte es einer Digitalisierungseuphorie zu denken geben, dass sich der Europarat bereits 2011 über ein Handy- und WLAN-Verbot an Schulen beraten hat. Vorausgegangen waren mehrere Anhörungen in den einzelnen Ländern der Europäischen Union und somit auch in den Bundesländern. Grundlage für diese war eine Reihe von empirischen Studien, die Hinweise auf ein gesundheitliches Risiko der Strahlung geben, die durch neue Medien verursacht wird (vgl. Mutter, 2013; Moritz, 2011).

Verfolgt man vor diesem Hintergrund beispielsweise die Berichterstattung in der Tagespresse, so wird man schnell fündig: Die Frage, ob Handystrahlung Krebs hervorrufen kann, wird immer wieder diskutiert: „Neue Studie findet Zusammenhang zwischen Handystrahlung und Krebs" titelte Focus-Online und „Handystrahlung könnte Tumore wachsen lassen" lautete eine Schlagzeile der Welt-Homepage im Jahr 2016, während auf Merkur.de im Jahr 2010 der Artikel „Handstrahlen sind nicht gefährlich" zu finden ist. Bis heute kann weder das eine, noch das andere als sicher angesehen oder widerlegt werden.

Nur als Pointe sei an dieser Stelle auch auf einen Eintrag im Guinness Buch der Rekorde aus dem Jahr 2001 erinnert, der in Japan als „Pokémon Schock" bekannt ist:

„Am 16. Dezember 1997 mussten mehr als 700 Kinder ins Krankenhaus eingeliefert werden, weil eine Episode der Fernseh-

Zeichentrickshow Pokémon bei ihnen Schüttelkrämpfe ausgelöst hatte. Insgesamt 208 Kinder im Alter von drei Jahren und darüber mussten stationär behandelt werden. Nach Ansicht von Fachleuten wurden die Schüttelkrämpfe von einer Szene ausgelöst, in der Lichtblitze aus den Augen der Figur Pikachu schossen" (Birkelbach, 2001, S. 87).

Joachim Mutter (2013) nennt unter anderem vor diesem Hintergrund sein Buch „Lass dich nicht vergiften!" und warnt darin vor den Gefahren einer überzogenen Technisierung der Lebenswelt.

Nicht zu vergessen ist an dieser Stelle die Frage der Nach-haltigkeit, die im Sinn Wolfgang Klafkis (1996) als epochaltypisches Schlüsselproblem bezeichnet werden kann. Sie stellt sich insofern für alle Länder dieser Welt gleichermaßen, deutet auf die globale Vernetzung im Hinblick auf Ursache und Wirkung hin und hat aktuell eine besondere Erfordernis, ernst genommen und gelöst zu werden. Allgemein kann Nachhaltigkeit unter einer ökologischen, einer ökonomischen und einer sozialen Perspektive betrachtet werden. Digitalisierung ist unter diesen Blickwinkeln nicht unumstritten: Zwar eröffnet sie einen neuen Markt und ist dadurch wirtschaftlich interessant, gleichzeitig vernichtet sie Märkte und hinterlässt eine Leere. Zwar schafft sie neue Wege der Kommunikation und Vernetzung, aber ebenso hinterlässt sie Anonymität einerseits und erlaubt Eingriffe in die Privatsphäre andererseits. Zwar kann sie den Papierbedarf reduzieren helfen, gleichzeitig greift sie auf begrenzte Ressourcen zurück, deren Verbrauch umso größer wird, je mehr Endgeräte der Einzelnutzer hat. Letztendlich zeigt sich an dieser Gegenüberstellung, dass die Beantwortung der Frage, ob eine Digitalisierung für oder gegen Nachhaltigkeit spricht, im Wesentlichen davon abhängen wird, wie und warum Menschen sie nutzen.

Synthese: Digitalisierung als Bestandteil der heutigen Lebenswelt

Bevor ich zu einer Synthese komme, möchte ich die neuesten Daten über den Stand der Digitalisierung der Lebenswelt ansprechen. „We Are Social" und „Hootsuite" veröffentlichen jährlich einen „Global

Digital Report". Im Folgenden werden einige Ergebnisse daraus vorgestellt (vgl. We Are Social & Hootsuite, 2018):

Es ist erst 25 Jahre her, als Tim Berners-Lee das „World Wide Web" der Öffentlichkeit präsentierte. Und schon heute ist das Internet für den Großteil der Weltbevölkerung zu einem festen Bestandteil des täglichen Lebens geworden. Aber es ist nicht nur das Internet, das schnell wächst: Wir leben in einer digitalen Welt.

Um dies zu verdeutlichen, möchte ich zunächst eine globale Perspektive einnehmen:

Im Jahr 2018 sind *weltweit* ...

- über 4 Milliarden Menschen Internetnutzer (plus 7 % gegenüber 2017; Verbreitung 53 %)
- über 3 Milliarden Menschen in sozialen Netzwerken aktiv (plus 13 % gegenüber 2017; Verbreitung 42 %).
- über 5 Milliarden Menschen Besitzer mobiler Endgeräte (plus 4 % gegenüber 2017; Verbreitung 68 %).
- fast 3 Milliarden Menschen mittels mobiler Endgeräte in sozialen Netzwerken aktiv (plus 14 % gegenüber 2017; Verbreitung 39 %).
- Menschen aller Altersgruppen über 6 Stunden im Internet pro Tag.

Die gerade vorgestellten Statistiken sind auch für Amerika und Europa im Detail interessant:

Im Jahr 2018 sind in *Amerika* ...

- über 700 Millionen Menschen Internetnutzer (plus 3 % gegenüber 2017; Verbreitung 73 %)
- über 600 Millionen Menschen in sozialen Netzwerken aktiv (plus 8 % gegenüber 2017; Verbreitung 64 %).
- über 1 Milliarde Menschen Besitzer mobiler Endgeräte (plus 0,1 % im Vergleich zu 2017; Verbreitung 106 %).
- über 500 Millionen Menschen mittels mobiler Endgeräte in sozialen Netzwerken aktiv (plus 9 % gegenüber 2017; Verbreitung 57 %).
- Menschen aller Altersgruppen über 6 Stunden im Internet pro Tag.

Wider einen Technisierungswahn!?

Im Jahr 2018 sind in *Europa* ...

- über 600 Millionen Menschen Internetnutzer (plus 6 % gegenüber 2017; Verbreitung 80 %).
- über 400 Millionen Menschen in sozialen Netzwerken aktiv (plus 8 % gegenüber 2017; Verbreitung 53 %).
- über 1 Milliarde Menschen Besitzer mobiler Endgeräte (plus 0,5 % gegenüber 2017; Verbreitung 131 %).
- fast 400 Millionen Menschen mittels mobiler Endgeräte in sozialen Netzwerken aktiv (plus 8 % gegenüber 2017; Verbreitung 45 %).
- Menschen aller Altersgruppen über 5 Stunden im Internet pro Tag in Großbritannien und über 4 Stunden im Internet pro Tag in Deutschland.

Dass diese Statistiken dennoch sehr länderspezifisch sein können, zeigt sich zum Beispiel an der Internetdurchdringung in Bezug auf einzelne Länder:

Rangliste	Land	Prozentsatz	Benutzer
1	Quartar	99 %	2.640.360
2	Vereinigte Arabische Emirate	99 %	9.376.171
3	Kuwait	98 %	4.100.000
... UK 95 %, Deutschland 91 % und USA 88 % ...			
211	Niger	4 %	946.440
212	Eritrea	1 %	71.000
213	Nordkorea	.06 %	16.000

Ähnliche Statistiken gibt es auch für die Nutzung von sozialen Netzwerken:

Rangliste	Land	Prozentsatz	Benutzer
1	Quartar	99 %	2.640.000
2	Vereinigte Arabische Emirate	99 %	9.376.000
3	Kuwait	98 %	4.100.000
… USA 71 %, UK 66 % und Deutschland 46 % …			
211	Eritrea	1 %	53.000
212	Turkmenistan	1 %	33.000
213	Nordkorea	.06 %	16.000

Beeindruckend, aber nicht überraschend angesichts der vorgelegten Statistiken, die konstante Zunahme des globalen mobilen Datenverkehrs: 2,9 GB durchschnittlich im Monat mit einem Smartphone.

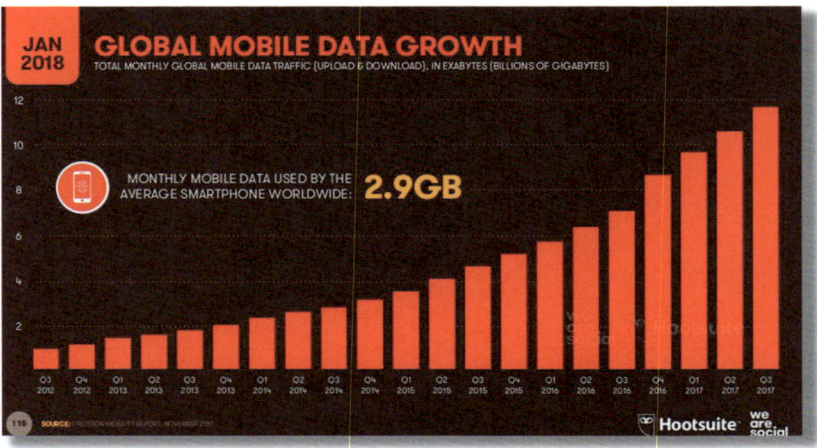

Quelle: Vgl. We Are Social & Hootsuite, 2018

Das Fazit der Autorinnen und Autoren des Global Digital Report 2018 ist daher eindeutig: „Mit mehr als 4 Milliarden Menschen, die das Internet durchschnittlich 6 Stunden am Tag nutzen, sind digitale Medien für die meisten von uns zu einem unverzichtbaren Bestandteil des täglichen Lebens geworden. Wir nutzen diese Konnektivität in fast jedem Aspekt unseres Lebens, sei es beim Chatten mit Freunden, beim Spielen von Spielen, beim Einkaufen, bei der Überprüfung unserer Gesundheit oder beim Suchen der großen Liebe."

All diese Fakten sind in ein Interview eingeflossen, das Simon Sinek – führender Unternehmensberater und Bestsellerautor – 2016 (Sinek 2016) gab. Darin setzte er sich kritisch mit dieser Digitalisierung der Lebenswelt auseinander und beschrieb er die Eigenschaften der Millenials (Generation Y). Dieses Video hat in den sozialen Netzwerken in kürzester Zeit für viel Diskussionen gesorgt. Eine der Kernaussagen von Simon Sinek war:

Die Jugendlichen sollten den Konsum digitaler Medien, insbesondere von Smartphones, reduzieren, weil die damit verbundenen negativen Folgen die im Vergleich dazu geringen positiven Effekte überwiegen. Viele der führenden Akteure des Digitalisierungsmarktes, wie beispielsweise Steve Jobs und Evan Williams, erlaubten ihren Kindern nie, iPads oder Mobiltelefone zu benutzen, da sie genau wussten, was aus dem ständigen Gebrauch resultieren würde. Sie waren sich des Zusammenhangs zwischen Sucht und Technologie bewusst und kannten die Folgen, unter anderem die Freisetzung von Dopamin im Gehirn. Das Wissen um die Möglichkeiten und Risiken digitaler Medien war Teil des Aufstiegs der großen Sieger des Digitalisierungsmarktes.

Die Thesen von Simon Sinek sind sicherlich nicht unumstritten. Im Wesentlichen zeigen sie jedoch, dass die Digitalisierung an sich weder gut noch schlecht ist. Am wichtigsten ist, was wir Menschen mit der Digitalisierung machen. In Zeiten großer Veränderungen ist es aus meiner Sicht immer hilfreich, sowohl Apokalyptiker als auch Euphoriker zu haben. Denn die Wahrheit liegt zwischen den Extremen.

Welche Schlüsse lassen sich nun angesichts der vielfältigen und konträren Positionen ziehen? Auf der einen Seite ist unstrittig, dass eine Digitalisierung zur Lebenswelt von Kindern und Jugendlichen, aber ebenso von Erwachsenen gehört. Demzufolge ist festzustellen:

- Kommunikationsstrukturen haben sich verändert, folgen anderen Gesetzmäßigkeiten und eröffnen dadurch neue Möglichkeitsräume.

- Technische Entwicklungen in allen Bereichen des Lebens bewältigen Herausforderungen, die noch vor zwanzig, dreißig Jahren nur unter größtem Aufwand oder sogar gar nicht zu meistern waren.

Auf der anderen Seite ist ebenso unstrittig, dass eine Digitalisierung der Lebenswelt für Kinder, Jugendliche und Erwachsene nicht nur Vorteile mit sich bringt, sondern eine Reihe von Nachteilen. Dazu gehören:

- Eine Digitalisierung kann neben einem positiven auch einen negativen Einfluss auf die kognitive Entwicklung von Menschen haben.
- Technische Entwicklungen können für den Menschen und seine Umwelt Gefährdungen hervorrufen, die heute teilweise schon erfasst, teilweise noch nicht geklärt und womöglich noch gar nicht bekannt sind.

Überträgt man diese Gedanken auf das System „Schule", so lässt sich eine Reihe von Handlungsfeldern definieren, die allesamt unter dem Bildungs- und Erziehungsauftrag stehen, aber dennoch unterschiedlich gelagert sind. Mithilfe des didaktischen Dreieckes lassen sie sich verorten. Geht man zunächst vom Unterricht als einem Interaktionsprozess zwischen Lernenden und einer Lehrperson aus, die sich im Unterrichtsstoff begegnen, so sind es zunächst drei wichtige Felder, die zu unterscheiden sind:

- Arbeit 4.0: Die Arbeitswelt der Lehrpersonen wird zusehends digitaler. Ob es Stundenpläne sind, Hausaufgabenhefte oder Notenlisten – alles wird digitalisiert werden, so dass sich der Arbeitsplatz von Lehrpersonen wandelt.
- Bildung 4.0: Durch die Präsenz digitaler Medien im Lebensalltag von Kindern und Jugendlichen werden sie mehr denn je in den Fokus einer Bildung rücken müssen. Denn Bildung steht immer im wechselseitigen Verhältnis zur Lebenswelt – wird von ihr beeinflusst und versucht sie gleichzeitig mitzubestimmen. Folglich kommen innerhalb eines Curriculums neue Inhalte dazu und alte müssen weichen – Letzteres passiert leider seltener als Ersteres.

- Lernen 4.0: Lernprozesse werden immer mehr von digitalen Medien flankiert. Vor diesem Hintergrund besteht die Herausforderung darin, jene Felder zu skizzieren, in denen dies sinnvoll erscheint, aber auch jene, in denen das zu vermeiden ist.

Und da das System „Schule" kein autarkes System ist, sondern in Anlehnung an Niklas Luhmann (2001) mit anderen Systemen interagiert, ergibt sich ein viertes wichtiges Feld:

- Verwaltung 4.0: Schule ist umgeben von einer Gesellschaft, die mehr und mehr durch digitale Medien bestimmt ist. Insofern werden sich auch die Verwaltungsstrukturen und -prozesse verändern. Ob dies beispielsweise die Kommunikation mit Eltern ist oder die Kommunikation mit Regierungen und Ministerien, zweifelsfrei wird sich Schule im Bereich der Verwaltung einer Transformation unterziehen.

Nachstehende Abbildung versucht das Gesagte zusammenzufassen:

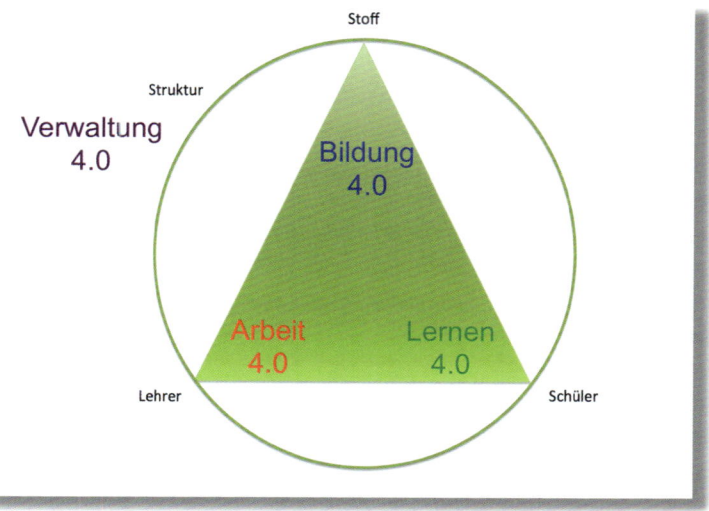

Dieser systemische Blick auf Digitalisierung macht deutlich, dass das System „Schule" im Vergleich zu anderen Systemen auch andere Ziele verfolgt, einen anderen Code spricht, wie es Niklas Luhmann

(2001) nennt: Während es der Schule vor allem um Bildung geht, ist für Wirtschaft Profit leitend, für Industrie Effizienz, für Politik Macht, für Medizin Gesundheit, für Kirche Glaube und für Familie Liebe, um nur ein paar Beispiele zu geben. Angesichts dieser unterschiedlichen Zielperspektiven ist es wichtig, Systeme nicht oberflächlich miteinander zu vergleichen und dadurch unpassende Erwartungen und Anforderungen an diese zu stellen. Stattdessen ist die Besinnung auf das Kernanliegen einer Institution, auf die Frage, warum es diese Institution gibt und welches Ziel sie verfolgt, bedeutsam.

Aus erziehungswissenschaftlicher Sicht resultiert angesichts des Grundsatzes, dass die Lebenswelt der Lernenden mit all ihren Facetten der Ausgangspunkt von Erziehung und Unterricht ist, die Herausforderung, die offengelegten Thesen und Antithesen zu berücksichtigen und pädagogisch anzugehen, also sowohl die Vorteile einer Digitalisierung zu nutzen, als auch die Nachteile einer Digitalisierung zu vermeiden und gegebenenfalls zu beheben.

Welche Schritte daraus abzuleiten sind, wird im nächsten Kapitel erläutert. Dabei wird in besonderer Art und Weise auf den Bildungsbegriff zurückzugreifen sein, um Digitalisierung vor dem Hintergrund zu reflektieren, der im Kontext von Erziehung und Unterricht maßgeblich ist. Dies dürfte der entscheidende Unterschied einer erziehungswissenschaftlichen Betrachtungsweise im Vergleich zu anderen, beispielsweise einer wirtschaftlichen Betrachtungsweise, sein.

ZUSAMMENFASSUNG:

Was bedeutet der Begriff „digital natives" und wodurch zeichnet sich diese Generation aus?

„Digital natives" ist ein Sammelbegriff für eine Generation, die im Vergleich zu früheren Generationen in eine Lebenswelt hineingeboren wird, in der Digitalisierung fester Bestandteil des Lebens ist. Insofern wachsen „digital natives" mit Computer, Smartphones und Tablets ebenso auf wie mit der Nutzung von Internet. Im Gegensatz dazu mussten sich andere Generationen mit all diesen digitalen Errungenschaften im Lauf ihres Lebens erst auseinandersetzen und diese erlernen.

Inwiefern lässt sich mit Blick auf die Hard- und Software angesichts der Entwicklungen in den letzten zehn, zwanzig Jahren von einer Revolution sprechen?

Allein die Entwicklungszeiträume haben sich mit Blick auf die Meilensteine einer Digitalisierung enorm verkürzt. Brauchten technische Errungenschaften sowohl in der Entwicklung als auch in der Adaption durch die Bevölkerung früher oft mehrere Jahrzehnte, sind es heute oft nur noch wenige Monate. Folglich sind die damit verbundenen Veränderungen nicht mehr über Generationen hinweg zu meistern, sondern jeder Mensch muss für sich selbst diese bewältigen.

Welche Gefahren einer Digitalisierung lassen sich im Hinblick auf Lern- und Entwicklungsprozesse nennen?

Trotz zahlreicher positiver Möglichkeiten gibt es auch eine Reihe von Gefahren einer Digitalisierung. Diese decken sich häufig mit den Möglichkeiten und lassen sich im Spannungsfeld von Freiheit und Zwang kennzeichnen. Hinzukommen negative Effekte im Hinblick auf kognitive Entwicklungen. Für Lesen, Aufmerksamkeitsspannen und Konzentrationsvermögen liegen entsprechende Studien vor.

Wider einen Technisierungswahn!?

Wie zeigt sich der Erkenntnisstand angesichts möglicher Auswirkungen einer Digitalisierung auf die menschliche Gesundheit?

Die Frage, ob und inwiefern eine Digitalisierung negative Effekte auf die menschliche Gesundheit hat, wird bis heute kontrovers diskutiert. Letztendlich stehen sich Ergebnisse verschiedener Studien in ihrer Aussagekraft konträr gegenüber.

Wie digitalisiert ist unsere Lebenswelt?

Unsere Lebenswelt wird immer digitaler. Dies belegen Statistiken zur Anzahl der Menschen, die Internet nutzen, aktiv in sozialen Netzwerken sind, ein mobiles Endgerät besitzen und dieses nutzen, um mobil in den sozialen Netzwerken aktiv zu sein.

Welche Schlussfolgerungen lassen sich daraus für eine Digitalisierung im Bildungsbereich ziehen?

Digitalisierung gehört heute zur Lebenswelt von Kindern, Jugendlichen und Erwachsenen. Infolgedessen ist sie als Herausforderung von Erziehung und Unterricht zu sehen und es sind dabei sowohl Möglichkeiten als auch Grenzen offen-zulegen.

2 Die Herausforderung: Lernen 4.0

REFLEXIONSAUFGABE:

Reflektieren Sie, was aus Ihrer Sicht eine Digitalisierung im Bildungsbereich leisten kann: Welche Bedeutung hat Digitalisierung für Bildung? Wie verändert sich Lernen aufgrund einer Digitali-sierung? Und was lässt sich unter Lernen 4.0 verstehen?

ZIELE:

In diesem Kapitel wird der Versuch unternommen, vom Bildungs- und Erziehungsauftrag ausgehend die Aufgabe einer Medienbildung zu beschreiben. Dabei wird auf bestehende Ansätze zurückgegriffen, um damit ein digitales Lernen als Lernen 4.0 beschreiben zu können. Wenn Sie dieses Kapitel gelesen haben, dann sollten Sie folgende Fragen beantworten können:

- Welche Folgen ergeben sich aus einer Digitalisierung für den Bildungs- und Erziehungsauftrag?
- Welche Bereiche umfasst eine Medienbildung?
- Was ist das Besondere an einem digitalen Lernen und was lässt sich unter Lernen 4.0 verstehen?

Die Herausforderung: Lernen 4.0

Mit der Feststellung, dass Digitalisierung Bestandteil der Lebenswelt von Kindern, Jugendlichen und Erwachsenen in allen gesellschaft-lichen Bereichen ist, ergibt sich die Forderung, pädagogisch darauf zu reagieren. Aber nicht nur: Es ist immer auch eine pädagogische Aufgabe, auf die Lebenswelt aktiv und bewusst einzuwirken. Damit befindet sich pädagogisches Denken und Handeln immer im Spannungsfeld zwischen Reproduktion und Innovation (vgl. Fend, 2006).

Um in diesem Spannungsfeld Orientierung zu erhalten und nicht einseitig in eine Richtung abzudriften, ist es wichtig, eine pädagogische Grundvorstellung zu haben und diese offenzulegen. Der Bildungsbegriff bietet sich hierfür an, hat er gerade im deutschsprachigen Raum eine lange Tradition und dadurch eine tiefgreifende Bestimmung erfahren. Dass er nicht ohne Probleme ist, soll an dieser Stelle nicht verschwiegen werden. Allerdings zeigen davon ausgehende Versuche, ihn durch andere Wörter – am prominentesten sicherlich der Begriff der Kompetenz – zu ersetzen, dass die Probleme dadurch nicht kleiner, sondern größer werden.

Was lässt sich also unter Bildung verstehen? Welche Schluss-folgerungen sind daraus für Schule und Unterricht zu ziehen? Welche Weiterentwicklung erfährt der Bildungsbegriff vor dem Hintergrund einer Digitalisierung und welche Implikationen sind daraus für ein digitales Lernen abzuleiten? Im Folgenden wird versucht, diese und ähnliche Fragen zu beantworten, um eine Basis zu schaffen, auf der weiterführende didaktische Überlegungen angestellt und insofern Möglichkeitsräume für eine Digitalisierung im Bildungsbereich skizziert werden können.

Der Bildungs- und Erziehungsauftrag von Schule

Der Bildungsbegriff ist nicht nur innerhalb der Erziehungs-wissenschaft ein Terminus technicus, sondern auch von bildungspolitischer Relevanz. So findet sich in allen Länderverfassungen der Bundesrepublik Deutschland ein Artikel, in dem der Bildungs- und Erziehungsauftrag von Schule bestimmt und erläutert wird. Diese Verankerung ist insofern bemerkenswert, stellt sie damit Schule und Unterricht in einen juristischen Raum, der sodann Aufgaben und Pflichten definiert.

In Bayern, um ein Beispiel anzuführen, ist der Bildungs- und Erziehungsauftrag im Artikel 131 der Bayerischen Verfassung formuliert. Dort heißt es in Absatz 1:

> „Die Schulen haben nicht nur die Aufgabe, Wissen und Können zu vermitteln, sondern auch Herz und Charakter zu bilden."

Grundlegend für das damit verbundene Bildungsverständnis ist die anthropologische Bestimmung des Menschen als Person. Im Grundgesetzt ist dieser Gedanke in Artikel 1 festgeschrieben mit den Worten, dass die Würde des Menschen unantastbar ist. Insofern hat nicht nur jeder Mensch die Gabe, sich zu bilden, sondern es ist auch seine Aufgabe. Im Kontext von Schule und Unterricht resultiert daraus die Pflicht, jeden Menschen in seinem Bildungsprozess zu unterstützen.

Die Betonung der Bereiche des Wissens und Könnens auf der einen Seite und die des Herzens und des Charakters auf der anderen Seite macht darauf aufmerksam, das Bildung nicht auf einzelne Bereiche des Menschseins begrenzt werden darf, sondern sich auf die gesamte Persönlichkeit in all ihren Facetten bezieht. Neben kognitiven Aspekten spielen folglich auch soziale, moralische, ästhetische, motivationale, spirituelle und viele andere mehr eine Rolle (vgl. Gardner, 2013). Es verbietet sich von hier aus, den Menschen auf nur wenige dieser Bereich zu begrenzen und ihn damit womöglich als Humankapital für außer ihm liegende Zwecke zu benutzen. Der Mensch ist ein Wert für sich, der nicht zu hinterfragen ist und seine Bildung nicht zu instrumentalisieren ist.

Mit diesen Überlegungen ist das Ziel von Bildung definiert: Als Gabe und Aufgabe des Menschsein hat sie kein Ziel außerhalb ihrer selbst. Es geht bei Bildung folglich um den Menschen, um das Menschsein und das Menschwerden. Dieser Vorgang als solcher ist nie abgeschlossen, denn der Mensch steht immerzu vor der Herausforderung, der zu sein, der er ist.

Dieses Ziel ist auch für eine Digitalisierung verbindlich. Demzufolge nimmt sie immer eine dienende Funktion ein: Sinn und Zweck einer Digitalisierung ist, dem Menschen in seinem Bildungsprozess zu unterstützen. Immer dort, wo sie zum Selbstzweck wird, wo sie den Menschen zum Humankapital werden lässt, wo sie den Menschen benutzt, um ein außer ihm liegendes Ziel zu erreichen, wo sie die Würde des Menschen verletzt, ist sie aus pädagogischer Sicht zurückzuweisen.

Damit eine Digitalisierung diese dienende Funktion einnehmen kann, ist eine umspannende Medienbildung notwendig, die neben den Möglichkeiten auch die Grenzen einer Digitalisierung anspricht und Menschen befähigt, für sich diese Möglichkeiten und Grenzen festzustellen.

Medienbildung als Ziel

Es wurde bereits darauf hingewiesen, dass der Bildungsbegriff nicht unumstritten ist und durch andere Begriffe zu ersetzen versucht wird. Nicht immer führen diese Diskussionen dazu, dass die Sache dadurch klarer und verständlicher wird, sondern häufig kommt es zu einem Begriffswirrwarr, wie es Wolfgang Brezinka (1990) als symptoma-tisch für die Erziehungswissenschaft ansieht. Auch im Kontext einer Digitalisierung lässt sich dies feststellen: Digitale Bildung, digitales Lernen, Medienkompetenz, Medienerziehung und Medienbildung, um nur ein paar wenige Beispiele zu geben, kursieren als Begriffe.

Ohne die damit verbundenen Feinheiten der Auseinandersetzung lösen zu können, wird im Folgenden der Begriff „Medienbildung" als zentral gewählt, mit folgender Begründung:

Erstens greift er die Tradition und damit die Tiefe der Auseinandersetzung auf, die den Bildungsbegriff kennzeichnen. Auch oder gerade bei einer Digitalisierung muss es um den Menschen gehen.

Zweitens obliegt er nicht, wie beispielsweise der Kompetenz-begriff, einer empirischen Dominanz, die durchaus wichtig, in ihrer Einseitigkeit aber auch gefährlich ist.

Drittens macht er deutlich, dass eine Digitalisierung als modernes Phänomen in einer Tradition steht, die seit jeher unter dem Bereich der Medien diskutiert wurde, insofern bereits eine breite Bearbeitung vorweisen kann und zudem die dienende Funktion als Medium hervorhebt.

Zur näheren Kennzeichnung einer Medienbildung soll ausgehend von der Bestimmung des Bildungsbegriffes eine Unterscheidung von Dieter Baacke (1997) herangezogen werden. Dieser differenziert

Die Herausforderung: Lernen 4.0

folgende vier Felder, die gleichsam einer Medienbildung unterge-ordnet werden können:

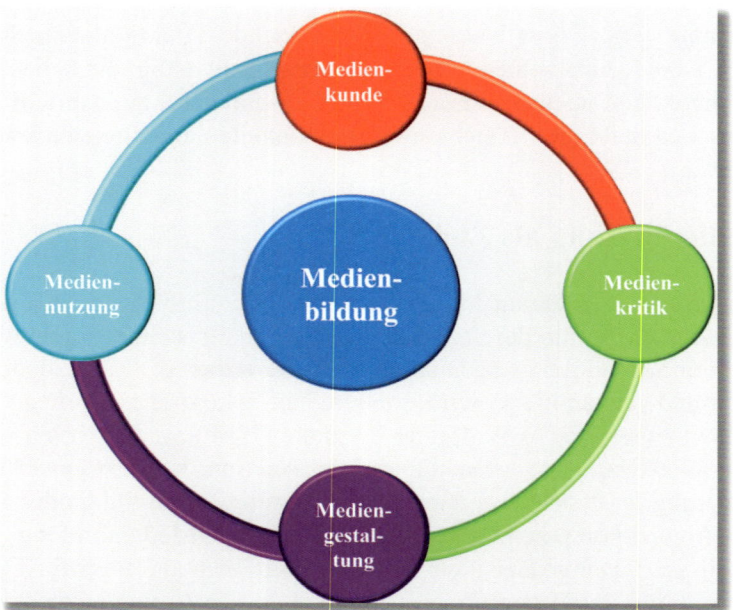

Quelle: vgl. Baacke 1997

Erstens Medienkunde, die alles Wissen umfasst, das im Umgang mit Medien erforderlich ist.

Zweitens Mediennutzung, die das Können bezeichnet, dass für den Umgang mit Medien notwendig ist.

Drittens Mediengestaltung, die alles Wissen und Können meint, das wichtig ist, um nicht nur Nutzer von Medien zu sein, sondern diese auch für eigene Ziele und Zwecke zu verändern.

Viertens Medienkritik, die Fähigkeiten umfasst, den Umgang mit Medien selbstregulativ und selbstkritisch sowohl im Hinblick auf den eigenen als auch im Hinblick auf den gesamtgesellschaftlichen Umgang zu sehen.

Die nachstehenden Beispielfragen zum Thema „Internet" sollen diese Gedanken verdeutlichen:

Die Herausforderung: Lernen 4.0

Medienkritik:

- Ist es wahr, was im Internet steht?
- Was sind Fake-News und kann man sie erkennen?
- Was passiert mit meinen Daten?
- Was ist zu tun, wenn problematische Dinge im Internet zu finden sind?
- Woran lassen sich kommerzielle Interessen erkennen?
- Wie lässt sich im Internet human kommunizieren und welche ethischen Grundsätze sind zu beachten?

Medienkunde:

- Was ist das Internet?
- Wie funktioniert das Internet?
- Welche technischen Verbindungen gibt es?
- Wie funktioniert ein Browser?

Mediennutzung:

- Wie kommuniziert man im Internet mit anderen?
- Wie schreibt man E-Mails und wie nutze ich soziale Netzwerke?
- Wie lässt sich Kommunikation im Internet sicherer machen?
- Welche Daten sind sensibel und wie lassen sie sich schützen?

Mediengestaltung:

- Wie und wo kann man im Internet kreativ sein?
- Wie bearbeite man ein Foto?
- Wie und wo kann und darf man ein Foto online stellen?
- Wie schreibe ich einen spannenden Blog?
- Was sagen andere Internetznutzerinnen und -nutzer über die eigenen Geschichten?
- Welche Möglichkeiten der Homepagegestaltung gibt es?

Ersichtlich wird aus dieser Zusammenstellung an Teilbereichen einer Medienbildung, dass es ihr erstens immer um die dienende Funktion geht, zweitens eine gegenseitige Beeinflussung möglich ist und drittens nicht nur die Bereiche des Wissens und Könnens hierfür wichtig erscheinen, sondern auch die des Wollens und Wertens.

Vor dem Hintergrund des Gesagten folgender Vorschlag einer Begriffsbestimmung:

Medienbildung bezeichnet einen Teilbereich des Bildungs- und Erziehungsauftrages von Schule, der sich im Wesentlichen auf die Bereiche der Medienkunde, der Mediennutzung, der Medien-gestaltung und der Medienkritik konzentriert. Da diese Bereiche in einem Wechselwirkungsverhältnis zueinander stehen, sind sie theoretisch zwar unterscheidbar, in der Praxis aber nicht gänzlich voneinander zu trennen. Als zentrales Ziel einer Medienbildung lässt sich definieren, dass sie Menschen befähigen soll, Möglichkeiten von Medien zu erkennen und sie sinnvoll zu nutzen, und gleichzeitig in die Lage versetzen soll, potenzielle Gefahren von Medien wahrzunehmen und zu vermeiden. Hierfür sind neben Kompetenzen auch Haltungen notwendig.

Digitales Lernen

Die angestellten Überlegungen lassen erkennen, dass eine Medienbildung ein breites Spektrum an Aufgaben eröffnet. Diese können im Rahmen des vorliegenden Buches nicht umfassend behandelt werden, würde vieles davon von der eigentlichen Fragestellung zu weit wegführen. Hierzu zählt beispielsweise der Bereich der Medienkunde: Wie Computer, Tablets & Co. zu bedienen sind, welche Möglichkeiten der Programmierung von Apps sich ergeben und wie eine technische Vernetzung über Clouds funktioniert – all das sind Fragen, die im Folgenden keine Rolle spielen.

Zudem muss manches auch nicht vertieft behandelt werden, weil es an anderer Stelle bereits ausführlich erläutert worden ist. Beispielsweise zählt hierzu die Auseinandersetzung, welchen Stellenwert eine Medienpädagogik im Kontext einer Allgemeinen Pädagogik oder welche Besonderheit eine Mediendidaktik vor dem Hintergrund einer Allgemeinen Didaktik haben kann.

Was hingegen mit besonderer Dringlichkeit in den Fokus der Auseinandersetzung gelenkt werden muss, ist die Frage eines digitalen Lernens. Schule und Unterricht stehen tagtäglich vor der Herausforderung, wie die Vielzahl an Möglichkeiten, die eine Digitalisierung

Die Herausforderung: Lernen 4.0

der Lebenswelt mit sich bringt, sinnvoll in den Unterricht zu integrieren ist. Diese Herausforderung wird durch zahlreiche bildungspolitische Initiativen, wie sie zu Beginn des Buches referiert wurden, verstärkt. Was also heißt digitales Lernen? Was ist das Besondere im Vergleich zu einem Lernen in anderen Feldern, zu einem nicht-digitalen Lernen? Ist digitales Lernen ein „Lernen 4.0" und was lässt sich darunter konkret verstehen? Oder ist dieses „Lernen 4.0" nur eine Worthülse?

Zunächst erscheint es sinnvoll, sich dem Lernbegriff zu nähern. Drei Aspekte sind zentral (vgl. zum Folgenden Weber, 1999):

- Lernen bewirkt Veränderungen der Verhaltens- und Erlebensmöglichkeiten des Lerners.
- Beim Lernen kommen die Veränderungen des Verhaltens und Erlebens infolge von Erfahrung (Informationsverarbeitung) zustande und nicht infolge von primär organischen Prozessen (z. B. Reifung).
- Lernen bezieht sich nicht nur auf die Bereiche des Wissens, des Könnens, der Fähigkeiten und der Fertigkeiten, sondern auch auf die der Wertungen, der Haltungen, der Einstellungen u.v.a.m.

Lernen bezeichnet infolgedessen eine relativ dauerhafte Veränderung einzelner Bereiche der Persönlichkeit aufgrund von Erfahrungen. Spricht man nun von einem digitalen Lernen, dann wird betont, dass dieses Lernen auf Erfahrungen beruht, die mithilfe einer Digitali-sierung ermöglicht wurden. Das digitale Lernen als Lernen mithilfe von Tablets oder durch Informationsaustausch im Internet sind zwei entsprechende Beispiele.

Bereits diese Beispiele zeigen die Vielfalt, aber noch nicht die Besonderheit eines digitalen Lernens. Um diese herauskristallisieren zu können, bietet es sich an, die Unterscheidung aufzugreifen, die für das WorldWideWeb eingeführt wurde und in der Version von 1.0 bis 4.0 Anwendung findet:

Die Herausforderung: Lernen 4.0

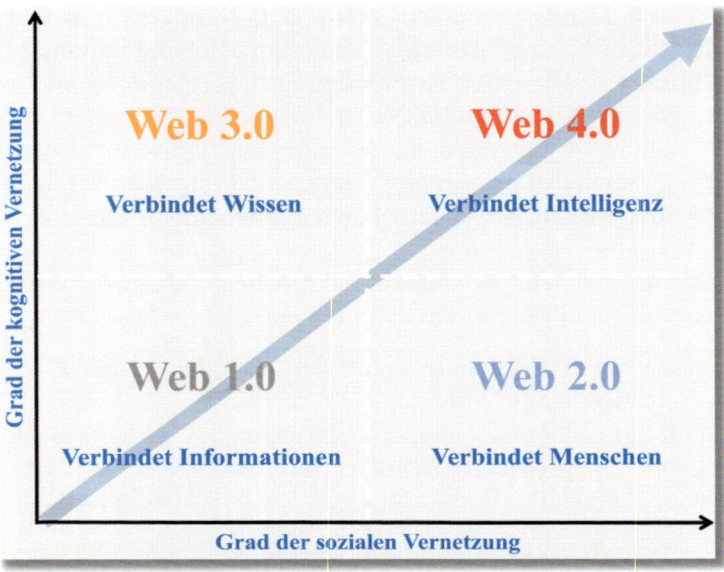

Quelle: vgl. Spivack 2017 und Wheeler 2017

Kerngedanke ist, das mit steigender Version einerseits der Grad der sozialen Vernetzung und andererseits der Grad der kognitiven Vernetzung zunimmt. Während folglich ein Web 1.0 dadurch gekennzeichnet ist, das es auf niedrigem Niveau zu einer sozialen und kognitiven Vernetzung kommt, ist das Besondere an einem Web 4.0, dass eben die soziale und kognitive Vernetzung auf einem hohen Niveau anzusiedeln ist. Zur Verdeutlichung ein Beispiel: Eine Firma, die via Homepage Informationen öffentlich macht, sorgt auf einem niedrigen Level für einen Informationsfluss in eine Richtung und zudem für eine einseitige Vernetzung. Demgegenüber ermöglicht eine Firma, die ein Kontaktformular anbietet, bereits ein Mehr an sozialer Vernetzung in beide Richtungen, das beispielsweise durch eine Kommunikationsplattform für registrierte Kunden noch weiter ausgebaut werden kann. Wenn auf dieser Plattform zudem Ideen ausgetauscht werden und von allen registrierten Kunden gemeinsam an einer Verbesserung der Produkte gearbeitet wird, dann kommt es zusätzlich zu einer stärkeren kognitiven Vernetzung.

Die Herausforderung: Lernen 4.0

In diesem Sinn zeigt sich ein Web 4.0 im Vergleich zum Web 1.0 als ein offenes System, das von sozialer und kognitiver Vernetzung und damit von Austausch und Kooperation geprägt ist.

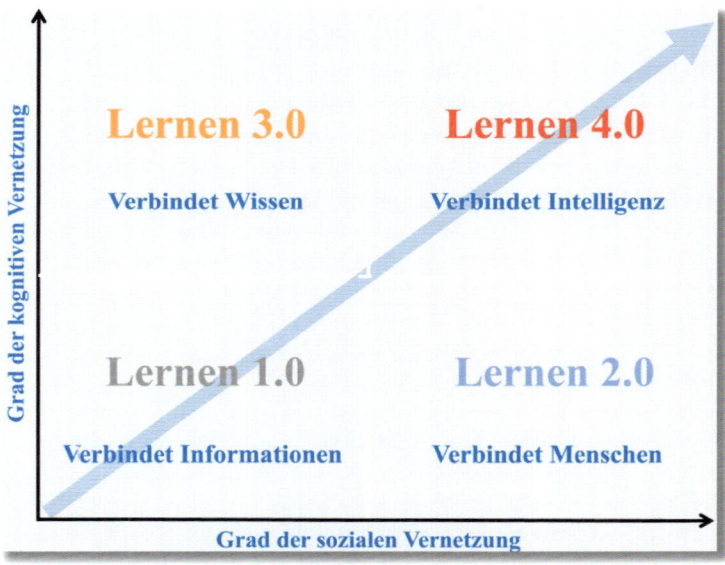

Auch auf Lernen lässt sich diese Differenzierung übertragen.[1] So lässt sich ein Lernen 1.0 als ein Lernen beschreiben, das eine geringe soziale und kognitive Vernetzung aufweist, wohingegen ein Lernen 4.0 durch eine ausgeprägte soziale und kognitive Vernetzung gekennzeichnet ist. Digitales Lernen verfolgt das Ziel, ein Lernen 4.0 zu sein, weil es genau darin ihren Mehrwert sieht. Allerdings ist zum einen darauf hinzuweisen, dass nicht jedes digitale Lernen ein Lernen 4.0 ist, sondern auch ein Lernen 1.0 sein kann. Zum anderen ist darauf aufmerksam zu machen, dass nicht nur einem digitalen Lernen der Weg zu einem Lernen 4.0 offensteht, sondern auch viele traditionelle Lernformen ist diesen Bereich vordringen können.

---

[1] In Analogie zu der vorgelegten Begriffsbestimmung eines Lernen 4.0 ließen sich auch die weiter oben angesprochenen Felder einer Digitalsierung im schulischen Kontext – Arbeit 4.0 und Verwaltung 4.0 – näher bestimmen.

Zur Verdeutlichung auch hierzu zwei Beispiele: Wenn ein Lernender Aufgaben wiederholt, die er bereits kann, dann liegt so gut wie keine soziale und kognitive Vernetzung vor – und das unabhängig davon, ob der Lernende die Aufgaben auf dem Blatt oder dem Tablet bearbeitet. Demgegenüber arbeitet ein Lernender unter hoher kognitiver und sozialer Vernetzung, wenn die Bearbeitung einer Aufgabe mehrere Personen involviert und deren Ideen und Gedanken aufgegriffen werden. Klassischerweise passiert dies häufig in außerschulischen Lernorten und Projekten und in Zeiten einer Digitalisierung in entsprechenden Kommunikations- und Kooperationsforen.

Zusammenfassung:

Welche Folgen ergeben sich aus einer Digitalisierung für den Bildungs- und Erziehungsauftrag?

Der Bildungs- und Erziehungsauftrag von Schule umfasst die Aufgabe, nicht nur reaktiv sondern auch proaktiv auf gesellschaftliche Gegebenheiten einzugehen und insofern nicht nur die Funktion der Reproduktion, sondern auch die der Innovation anzunehmen. Eine Digitalisierung gehört heute ohne Zweifel zur Lebenswelt von Kindern, Jugendlichen und Erwachsenen. Infolgedessen greift der Bildungs- und Erziehungsauftrag, so dass er eine Digitalisierung wahrnehmen und pädagogischen ausgestalten muss.

Welche Bereiche umfasst eine Medienbildung?

Medienbildung kann als zentraler Begriff für die Herausforderung gesehen werden, Möglichkeiten und Grenzen einer Digitalisierung im Bildungsbereich pädagogisch auszuleuchten. Als Teilbereiche zählen hierzu eine Medienkunde, eine Mediennutzung, eine Medienge-staltung und eine Medienkritik.

Was ist das Besondere an einem digitalen Lernen und was lässt sich unter Lernen 4.0 verstehen?

Digitales Lernen bezeichnet Lernprozesse, die vor allem aufgrund von Erfahrungen mittels neuer Medien initiiert werden. Gelingt es dabei, eine hohe soziale und kognitive Vernetzung herbeizuführen, kann man von einem Lernen 4.0 sprechen. In diesem Kontext zeigt sich das größte Potenzial einer Digitalisierung im Bildungsbereich, obschon darauf hinzuweisen ist, dass auch nicht-digitales Lernen ein Lernen 4.0 sein kann.

3 Was wissen wir über den Einfluss neuer Medien auf die schulischen Leistungen von Kindern und Jugendlichen?

REFLEXIONSAUFGABE:

Reflektieren Sie, welchen Einfluss eine Digitalisierung im Unterricht auf die Lernleistung hat. Vielleicht haben Sie in Ihrem Unterricht schon einmal einen Computer, ein Tablet, ein Smartboard oder ein Smartphone eingesetzt. Vielleicht haben Sie schon ein Lernvideo verwendet oder mit den Schülerinnen und Schülern selbst eines gedreht. Wie wirksam ist all das auf den Lernerfolg?

ZIELE:

In diesem Kapitel werden Ergebnisse der empirischen Bildungs-forschung vorgestellt, die sich mit dem Einfluss eines digitalen Lernens befassen. Im Zentrum steht dabei „Visible Learning" von John Hattie, das derzeit den weitreichendsten Versuch markiert, den Fundus an erziehungswissenschaftlichen Forschungen auszuwerten. Wenn Sie dieses Kapitel gelesen haben, dann sollten Sie folgende Fragen beantworten können:

- Welches Vorgehen wird in „Visible Learning" verwendet?
- Welche allgemeinen Ergebnisse im Hinblick auf digitales Lernen gibt es?
- Welchen Effekt haben die Faktoren „Flipped Classroom", „Digitalisierung bei besonderem Förderbedarf", „Interaktive Lernvideos", „Intelligentes Tutoringsystem", „Computerunterstützung", „Smartphones", „Visuelle und audio-visuelle Medien", „Nutzung von Taschenrechnern", „Einsatz von PowerPoint", „Programmierte Instruktion", „Webbasiertes Lernen" und „Laptop-Einzelnutzung" auf den Lernerfolg?
- Welche Kernbotschaft lässt sich aus den bestehenden For-schungen im Hinblick auf eine Digitalisierung in Schule und Unterricht ableiten?
- Warum bleibt Lernen Lernen?

Obschon Digitalisierung als junges Phänomen angesehen werden kann, ist es nicht neu. Vielmehr folgt es einer Technisierungswelle, die bis weit ins 20. Jahrhundert zurückreicht und insofern eine Reihe von Vorboten besitzt. Ob bereits das Radio, das Fernsehen oder das Telefon als solche gesehen werden, mag dahingestellt bleiben. Zweifelsfrei wird diese Technik aber auch im Zug einer Digitalisierung genannt, führt sie nämlich selbst das Radio, das Fernsehen und das Telefon in ein digitales Zeitalter.

Vor diesem Hintergrund ist für den erziehungswissenschaftlichen Kontext festzustellen, dass zu den Möglichkeiten und Grenzen einer Digitalisierung im Bildungsbereich eine Vielzahl an Studien vorliegt, deren vollständige Sichtung kaum noch leistbar ist. Infolgedessen bietet es sich an, auf entsprechende Versuche der Synthese zurückzugreifen. Allen voran sind in diesem Zusammenhang die Arbeiten von John Hattie zu nennen, der in „Visible Learning" eine Vielzahl an Meta-Analysen zum aktuellen Stand der Bildungs-forschung zusammengetragen und ausgewertet hat. Im Folgenden soll „Visible Learning" in seinen Kernaussagen vorgestellt und die wichtigsten Kernbotschaften im Hinblick auf digitales Lernen erläutert werden. Dabei wird es notwendig sein, eine Reihe von Faktoren und dazugehörige Primärstudien näher zu erläutern. Diese sind „Webbasiertes Lernen", „Nutzung von Taschenrechnern", „Visuelle und audio-visuelle Medien", „Computerunterstützung", „Laptop-Einzelnutzung", „Smartphones", „Einsatz von PowerPoint", „Programmierte Instruktion", „Interaktive Lernvideos", „Intelligentes Tutoringsystem" und „Digitalisierung bei besonderem Förderbedarf". Abschließend wird der Versuch unternommen, aus der Vielzahl der Forschungsergebnisse eine übergreifende Schlussfolgerung abzuleiten.

Zweifelsfrei ist damit nicht gewährleistet, alle möglichen neuen Errungenschaften in ihrer Wirkung vorhersagen zu können – der Blick zurück ist sicherlich eines der größten Schwächen einer empirischen Erforschung der Erziehungswirklichkeit. Aber dennoch können so gewonnene Ergebnisse Strukturen des Erfolges und Misserfolges sichtbar machen, die dann wiederum helfen können, neue Errungenschaften einerseits zu bewerten und andererseits für die Unterrichtspraxis auszuwählen.

„Visible Learning" als Grundlage

Unternehmen Sie bitte den Versuch, herauszufinden, wie viele Studien es zum Thema „Hausaufgaben", „Lehrer-Schüler-Beziehung" oder „Feedback" gibt. Sie werden schnell erkennen: Wir leiden derzeit nicht an einem Mangel an Studien und den damit verbundenen Erkenntnissen. Vielmehr stehen wir vor einer nahezu unüberschaubaren Anzahl an Forschungsergebnissen, die noch dazu unterschiedlicher nicht sein könnten. Im genannten Beispiel der Hausaufgaben werden Sie Studien finden, die nachweisen, dass Hausaufgaben nur einen geringen Effekt auf die Lernleistung von Schülerinnen und Schülern haben. Sie werden aber auch Studien finden, die nachweisen, dass Hausaufgaben einen großen Effekt auf die Lernleistung von Schülerinnen und Schülern haben. Welche dieser Studie hat nun Recht?

In ähnlicher Weise können Sie folgenden Versuch unternehmen: Gehen Sie in ein Lehrerkollegium und fragen die Kolleginnen und Kollegen nach der besten Art zu unterrichten. Sie werden auf diese Frage nicht nur eine Antwort erhalten. Sie werden mit Sicherheit fünf oder sechs verschiedene Antworten, vielleicht sogar zehn oder noch mehr Antworten erhalten.

Diese Überlegungen zeigen, dass im Bildungsbereich viel Wissen existiert, aber leider nicht immer zweifelsfrei ist, welches Wissen bedeutsam ist und welches nicht. So entstehen Mythen und gerade die Auseinandersetzung zu Schule und Unterricht ist voll von solchen Mythen: „Offener Unterricht ist besser als geschlossener Unterricht.", „In kleineren Klassen ist Unterricht besser." und „Die Gesamtschule ist dem gegliederten Schulsystem überlegen.", um nur drei Beispiele zu nennen.

Um dieser Mythenbildung entgegenzuwirken, ist eine Evidenzbasierung hilfreich. Denn sie fragt nicht nur danach, ob ein signifikanter Zusammenhang zwischen zwei Aspekten besteht, sondern auch danach, wie groß und bedeutsam denn ein signifikanter Effekt ist. Mehr als alles andere verkörpert diesen Ansatz „Visible Learning", der größte Datensatz der empirischen Bildungsforschung, entstanden nach über 15-jähriger Recherche- und Interpretations-leistung von John Hattie (vgl. Hattie 2013 und 2014; Hattie & Zierer, 2017; dazu Zierer, 2014):

Einfluss neuer Medien auf schulische Leistungen?

Über 800 Meta-Analysen bildeten in der ersten Fassung von „Visible Learning" aus dem Jahr 2009 die Grundlage, die selbst ca. 80 000 Einzelstudien umfassten und an denen geschätzt 250 Millionen Lernende teilgenommen hatten. Das Resultat bildete ein Ranking von 138 Faktoren. Die Nennung dieser Zahlen ist auch heute noch wichtig: Vergleicht man sie beispielsweise mit den Zahlen von PISA, das den bildungspolitischen Diskurs der letzten Jahre weltweit bestimmt hat, so wird die Breite des Zuganges in „Visible Learning" ersichtlich. Denn PISA umfasst lediglich um die neun Millionen Lernende.

Seitdem arbeitet John Hattie stetig an der Aktualisierung seines Datensatzes und konnte bereits 2010 mit der Veröffentlichung von „Visible Learning for Teachers" 150 Faktoren nennen, die aus über 900 Meta-Analysen extrahiert wurden. Und im Jahr 2017 veröffentlichte er schließlich eine Neuauflage seines Datensatzes, der nun über 1 400 Meta-Analysen umfasst und zu einer Listung von über 250 Faktoren führt, die den Domänen „Lernende", „Elternhaus", „Schule", „Klassenzimmer", „Lehrperson", „Curricula", „Lehrstrategien", „Implementation" und „Lernstrategien" zugeordnet sind. Allein die Zunahme von Faktoren im Bereich der Digitalisierung ist bemerkenswert: Waren es 2009 nur sechs Faktoren, die sich diesem Thema widmeten, sind es aktuell 25. In „Visible Learning: Auf den Punkt gebracht" ist diese Weiterentwicklung des Datensatzes näher beschrieben und zudem in wesentliche Kernbotschaften überführt (vgl. Hattie & Zierer, 2018).

Die mit diesen Quantitäten verdeutlichte Vielzahl an erziehungswissenschaftlichen Forschungsergebnissen wird in „Visible Learning" versucht, mithilfe einer Synthese von Meta-Analysen in den Griff zu bekommen und auf Kernbotschaften zuzuspitzen. Dabei werden aus den zugrundeliegenden Meta-Analysen zunächst über 250 Faktoren generiert, beispielsweise „Klassengröße", „Lehrer-Schüler-Beziehung", „Direkte Instruktion" und „Feedback", und für jeden Faktor wird eine Effektstärke ermittelt, die in der Regel als d angegeben wird und ein statistisches Maß bezeichnet. Ist die Effektstärke positiv, bedeutet das, dass der Faktor zu einer Steigerung der Lernleistung auf Seiten der Lernenden führt, und ist sie negativ, hat das zur Folge, dass der Faktor zu einer Reduzierung der Lernleistung auf Seiten der Lernenden führt. Nimmt man diese naive, aber durchaus richtige Prämisse zur Interpretation von Effektstärken und setzt sie ins Verhältnis zur Häufigkeit, mit der diese Effektstärken in den zahlreichen Meta-Analysen gefunden wurden, so ergibt sich folgende Darstellung (vgl. Zierer, 2014 und Hattie & Zierer, 2017):

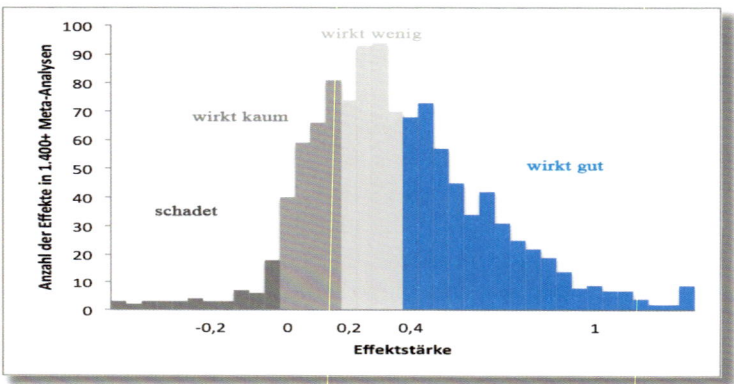

Ein erstes Ergebnis, das sich unmittelbar ablesen lässt, ist wichtig: Nahezu alles, was in Schule und Unterricht passiert, führt zu einer Steigerung der schulischen Leistung. Anders ausgedrückt: Schülerinnen und Schüler verlassen in 95 Prozent der Fälle die Schule schlauer als sie in diese hineingekommen sind. Das könnte uns Lehrpersonen beruhigen, tut es aber nicht. Denn dieses Ergebnis verdeutlicht nur, dass Menschen immer lernen – „Anything goes" also ... Ob beispielsweise ein neuer Lehrplan eingeführt wird oder auch nicht: Beides wird einen positiven Effekt nach sich ziehen. Oder ob beispielsweise das Schulsystem in eine Eingliedrigkeit, Zweigliedrigkeit, Dreigliedrigkeit, Viergliedrigkeit oder Fünfglied-rigkeit transformiert wird, es wird einen positiven Effekt nach sich ziehen. Zugespitzt formuliert: Lernen lässt sich nicht verhindern.

Vor diesem Hintergrund lautet das Plädoyer in „Visible Learning", bei Faktoren nicht nur danach zu fragen, ob die Effektstärke positiv oder negativ ist. Vielmehr wird argumentiert, den Nullpunkt anders zu setzen, und vorgeschlagen, diesen bei 0,4 zu verorten. Warum ausgerechnet 0,4? Dieser Wert stellt den Durchschnitt aller erhobenen Effektstärken dar und markiert in „Visible Learning" den Bereich der

Einfluss neuer Medien auf schulische Leistungen?

„erwünschten Effekte". Er wird gemeinhin mit dem Lernzuwachs verglichen, der durchschnittlich in einem Schuljahr erzielt wird. Der Anspruch, der damit verfolgt wird, ist zwar einfach, aber meines Erachtens auch überzeugend: Besser sein als der Durchschnitt! Diese Setzung wird gestützt, wenn man bedenkt, dass der Mensch allein durch das Älterwerden Lernfortschritte macht. Diese werden als „Entwicklungseffekte" bezeichnet und nehmen Effektstärken zwischen 0 und 0,2 ein. Und daraus ergibt sich die Interpretation, dass Werte zwischen 0,2 und 0,4 als gewöhnliche „Schulbesuchseffekte" bezeichnet werden können, die eintreten in einer durchschnittlichen Schule, bei einer durchschnittlichen Lehrperson, in einer durchschnittlichen Klasse und bei einem durchschnittlichen Elternhaus. Negative Werte, die besonders problematisch erscheinen, aber nur sehr selten auftreten, werden als „umkehrende Effekte" bestimmt. Sie kommen gelegentlich vor, sind deswegen aber nicht weniger interessant. Mithilfe eines Barometers, hier exemplarisch am Faktor „Klassengröße", lässt sich das Gesagte veranschaulichen:

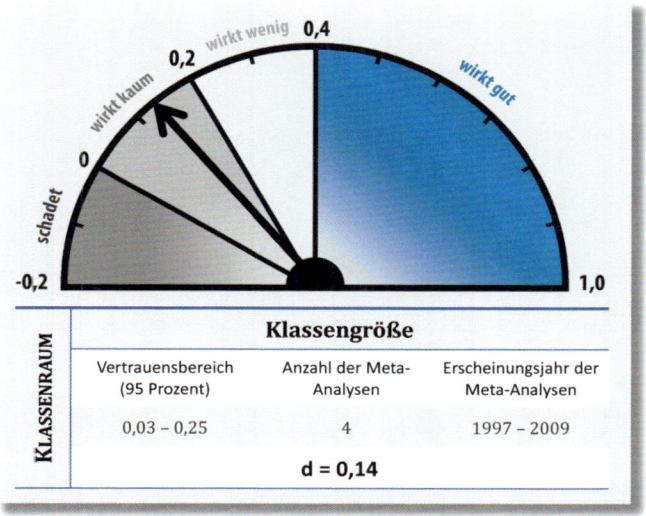

Diese Überlegungen bilden die empirische Grundlage für die weiteren Ausführungen. Wann immer es möglich ist, werden sie zur Stützung der Argumentation herangezogen, die für sich demnach den Anspruch erhebt, Evidenz im Sinn einer hohen Effektstärke als Kriterium für die Auswahl wichtiger Faktoren heranzuziehen. Zudem wird aber immer auch zu bedenken sein, dass Faktoren mit geringer Effektstärke interessant sein können. Denn häufig ist es notwendig, zu verstehen, warum ein Faktor, der aus anderen Gründen wichtig ist, in der Realität wenig Einfluss hat, um seine Wirkung im nächsten Schritt erhöhen zu können. Infolgedessen geht es im Kern um Verstehen, und zwar um das Verstehen empirischer Daten mit dem Ziel, sie für die Unterrichtspraxis fruchtbar zu machen.

Bevor Sie die nachfolgenden Kapitel lesen, reflektieren Sie bitte nochmals für sich: Wie wirksam schätzen Sie folgende Faktoren ein?

	schadet	wirkt kaum	wirkt wenig	wirkt gut
Clicker	O	O	O	O
Computerunterstützung im Unterricht	O	O	O	O
Digitalisierung bei besonderem Förderbedarf	O	O	O	O
Digitalisierung beim Lesen	O	O	O	O
Digitalisierung beim Schreiben	O	O	O	O
Digitalisierung im Fernunterricht	O	O	O	O
Digitalisierung im Primarbereich	O	O	O	O
Digitalisierung im Sekundarbereich	O	O	O	O
Digitalisierung im Tertiärbereich	O	O	O	O
Digitalisierung in anderen Fächern	O	O	O	O

Einfluss neuer Medien auf schulische Leistungen?

	schadet	wirkt kaum	wirkt wenig	wirkt gut
Digitalisierung in den Naturwissenschaften	O	O	O	O
Digitalisierung in Kleingruppen	O	O	O	O
Digitalisierung in Mathematik	O	O	O	O
Einsatz von PowerPoint	O	O	O	O
Flipped Classroom	O	O	O	O
Intelligentes Tutoringsystem	O	O	O	O
Interaktive Lernvideos	O	O	O	O
Laptop-Einzelnutzung	O	O	O	O
Visuelle und audio-visuelle Medien	O	O	O	O
Nutzung von Taschenrechnern	O	O	O	O
Online Lernen	O	O	O	O
Programmierte Instruktion	O	O	O	O
Simulationsspiele	O	O	O	O
Smartphones	O	O	O	O
Webbasiertes Lernen	O	O	O	O

Allgemeine Ergebnisse im Hinblick auf digitales Lernen

Angesichts dieser langen Liste an Faktoren zum digitalen Lernen zeigt sich: Aufgrund der Erweiterung des Datensatzes in „Visible Learning" von anfänglich 138 über 150 auf aktuell über 250 Faktoren und einer Zunahme an Wirkfaktoren allein im Bereich der Digitalisierung um fast ein Vierfaches wird eine Orientierung immer schwieriger.

„Visible Learning", so könnte man geneigt sein zu folgern, steht damit immer mehr vor der Herausforderung, die es eigentlich lösen wollte, nämlich den breiten Fundus der empirischen Bildungsforschung übersichtlich und handhabbar zu machen. Eine weitere Strukturierung und Interpretation zeigt sich infolgedessen als unerlässlich, um allgemeine Ergebnisse nennen zu können. Erst darauf aufbauen erscheint ein Blick in einzelne Faktoren sinnvoll.

In den nachstehenden Ausführungen soll ein entsprechender Versuch für die 25 Faktoren aus dem Bereich der Digitalisierung unternommen werden. Dabei sind folgende Fragen leitend, die im öffentlichen Diskurs eine Rolle spielen: Welchen Einfluss auf das digitale Lernen hat 1) die Altersstufe, 2) das Fach und 3) die Technik.

Faktor	Effektstärke
Digitalisierung im Primarbereich	0,44
Digitalisierung im Sekundarbereich	0,30
Digitalisierung im Tertiärbereich	0,33

Zu 1): Die Effektstärken der Faktoren zur Digitalisierung im Primarbereich, Sekundarbereich und Tertiärbereich zeigen, dass es weder zu einer steten Zunahme, noch zu einer steten Abnahme der Wirksamkeit kommt. Dies wäre die Voraussetzung, um den Schluss ziehen zu können, dass ein Zusammenhang zwischen der Altersstufe und dem Einfluss einer Digitalisierung auf den Lernerfolg besteht. Ein Beispiel in diesem Zusammenhang stellt der Faktor „Kooperatives Lernen" dar, der mit zunehmendem Alter der Lernenden höhere Effekte erzielt (vgl. Zierer 2014 und Hattie & Zierer, 2017).

Faktor	Effektstärke
Digitalisierung beim Lesen	0,25
Digitalisierung beim Schreiben	0,43
Digitalisierung in anderen Fächern	0,58
Digitalisierung in den Naturwissenschaften	0,18
Digitalisierung in Mathematik	0,31

Zu 2): Diese Übersicht liefert aus meiner Sicht das überraschende Ergebnis, dass Digitalisierung in den Naturwissenschaften und

Mathematik nur geringe Effektstärken erreicht – beides Fächer, die als digitalisierungsaffin bezeichnet werden können. Ebenso überraschend erscheinen die Werte beim Lesen und Schreiben: Während das Unterstützungspotenzial beim Schreiben offensichtlich als hoch einzuschätzen ist, zeigt sich beim Lesen nur eine geringe Wirksamkeit.

Faktor	Effektstärke
Clicker	0,17
Computerunterstützung im Unterricht	0,41
Einsatz von PowerPoint	0,26
Laptop-Einzelnutzung	0,16
Visuelle und audio-visuelle Medien	0,10
Nutzung von Taschenrechnern	0,23
Online Lernen	0,23
Smartphones	0,39
Webbasiertes Lernen	0,16

Zu 3): Es ist eines der hartnäckigsten Argumente in der Diskussion über Möglichkeiten und Grenzen einer Digitalisierung im Bildungsbereich, dass es nur eine Frage der Zeit ist, bis die Technik Lernen revolutioniere. Bereits ein Blick auf die Effektstärken der vorangestellten Tabelle lässt erkennen, dass dies kein Automatismus ist. Denn zu den jüngeren Errungenschaften des digitalen Zeitalters gehören „Laptop-Einzelnutzung", „Online Lernen", „Webbasiertes Lernen" und „Clicker" – allesamt mit geringen Effekten auf den Lernerfolg. Der einzige Faktor, der einen Wert jenseits des Umschlagpunktes von 0,4 erreicht, ist „Computerunterstützung im Unterricht".

Welche allgemeinen Ergebnisse lassen sich angesichts des Einflusses von Altersstufe, Fach und Technik auf die Wirksamkeit des digitalen Lernens nennen? Da in allen drei Aspekten keine Zusammenhänge aus den Daten ableitbar sind, ist davon auszugehen, dass sie nicht entscheidend für den Erfolg einer Digitalisierung sind. Vielmehr weisen diese Ergebnisse bereits in die entscheidende Richtung: Wichtiger als die Altersstufe oder das Fach oder die Technik ist die Frage, wie es der Lehrperson gelingt, digitales Lernen in den Unterricht zu integrieren. Ein vertiefter Blick in eine Auswahl an Faktoren und dazugehöriger Primärstudien kann diese Quintessenz untermauern.

Der Faktor: Webbasiertes Lernen

Unter dem Faktor „Webbasiertes Lernen" werden Verfahren zusammengefasst, in denen das Internet als Medium dient. Auch wenn dieser Bereich mit Blick auf pädagogische Interventionen noch relativ jung erscheint, liegen bereits mehrere Einzelstudien vor – und es werden von Tag zu Tag mehr. Die Ergebnisse in den drei Meta-Analysen sind auf den ersten Blick mit einer Effektstärke von 0,16 als gering einzustufen. Auf den zweiten Blick zeigt sich die Wirksamkeit eines webbasierten Lernens heterogen und weist somit darauf hin, dass es Unterschiede bei der Umsetzung gibt. Ein zentraler Punkt, der als Ursache identifiziert werden konnte, liegt darin, dass Programmierer häufig keine pädagogische Ausbildung haben und insofern auf der Ebene der Software Fehler passieren können. Multiprofessionelle Teams können helfen, diesen Makel zu beheben.

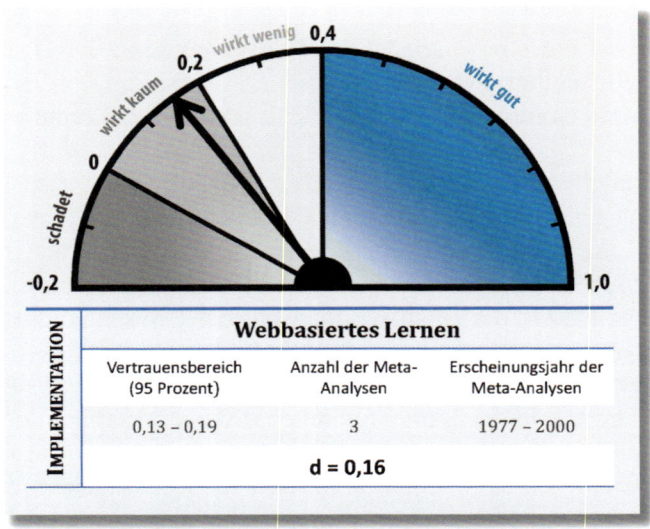

Der Faktor: Visuelle und audio-visuelle Medien

Der Faktor „Visuelle und audio-visuelle Medien" vereint Meta-Analysen, die sich mit technischen Neuerungen in den letzten 30, 40

Jahren befassen. Ein Schwerpunkt dabei liegt auf dem Bereich der visuellen und audio-visuellen Unterstützung. Konkret sind dies beispielsweise Tonbandaufnahmen, Radio, Fernsehen, Film und multimediale Anwendungen. Neuerdings können hierzu auch Beamer und Smartboards gezählt werden. Der Gesamteffekt erreicht einen Wert von 0,10 Eine Kernbotschaft aus den Primärstudien ist, dass die (neuen) Medien häufig nur als Ersatz für traditionelle Medien genutzt werden, beispielsweise Smartboard oder Beamer als Tafelersatz. Und damit zeigt sich, dass das möglicherweise vorhandene Potenzial dieser (neuen) Medien nicht erkannt, zumindest aber nicht eingesetzt wird.

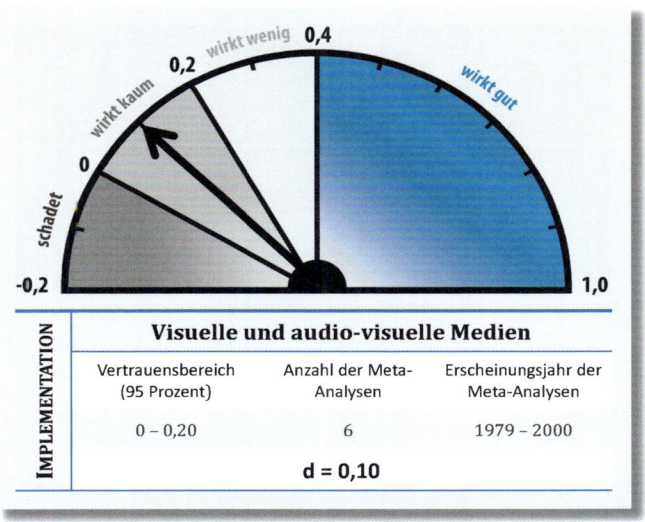

Der Faktor: Programmierte Instruktion

Unter dem Faktor „Programmierte Instruktion" werden Konzepte subsummiert, die das Ziel haben, den Lernstoff in eine Abfolge zu bringen, die der Lernende je nach Leistungsstand der Reihe nach durchläuft. Wurden diese Verfahren zunächst in Papierform entwickelt, kommen mit den Möglichkeiten der Hard- und Softwarenutzung in Schule und Unterricht weitere dazu. Die ermittelten Effekte erreichen durchschnittlich einen Wert von 0,24 und bleiben hinter den Erwartungen zurück. Wichtig im Kontext einer Digitalisierung im Bildungsbereich ist die Einsicht, dass eine Ersetzung der menschlichen Kommunikation durch eine programmierte Instruktion nicht erfolgreich sein kann, weil dadurch die für das Lernen so wichtigen Phasen des Austausches, des Dialoges und der Kooperation wegfallen.

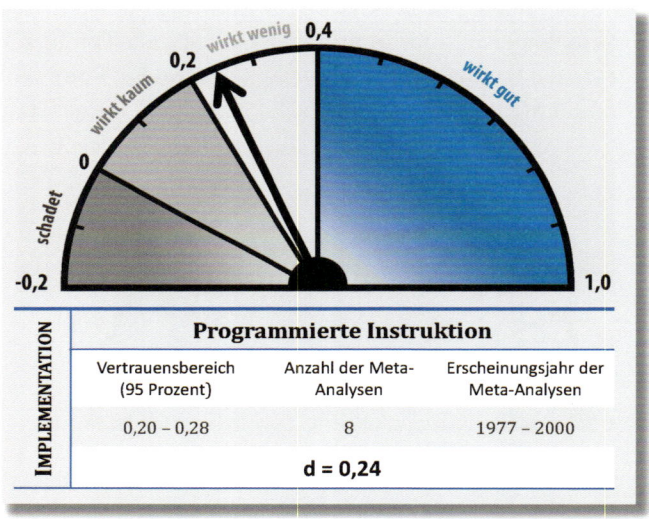

Der Faktor: Nutzung von Taschenrechnern

Als die ersten Taschenrechner auf den Markt kamen und sich damit die Möglichkeit eröffnete, auch den Mathematikunterricht zu verändern, vielleicht sogar zu revolutionieren, gab es große Diskussionen, die zwischen Euphorie und Apokalypse anzusiedeln waren – ähnlich der Auseinandersetzung hinsichtlich einer Digitali-sierung im Bildungsbereich. Rückblickend könnten Skeptiker für sich in Anspruch nehmen, Recht gehabt zu haben: Eine Effektstärke von 0,23 bleibt deutlich unter dem Umschlagpunkt von 0,4. Allerdings lohnt ein detaillierter Blick auf die Daten. Denn es zeigt sich, dass Taschenrechner durchaus ihren Sinn und Zweck erfüllen können. Dies ist beispielsweise dann der Fall, wenn durch ihren Einsatz die kognitive Belastung auf Seiten der Lernenden reduziert wird, um sich stärker dem eigentlichen Problem zu widmen und dann auch erfolgreich zu lösen, oder wenn sie im Rahmen einer Selbstkontrolle zur Anwendung kommen. Beides zusammen führt nachweislich zu einer positiveren Einstellung gegenüber Mathematik. Als reines Ersatzangebot für ein rechnerisches, logisches und räumliches Denken zeigt sich die Nutzung von Taschenrechner als problematisch.

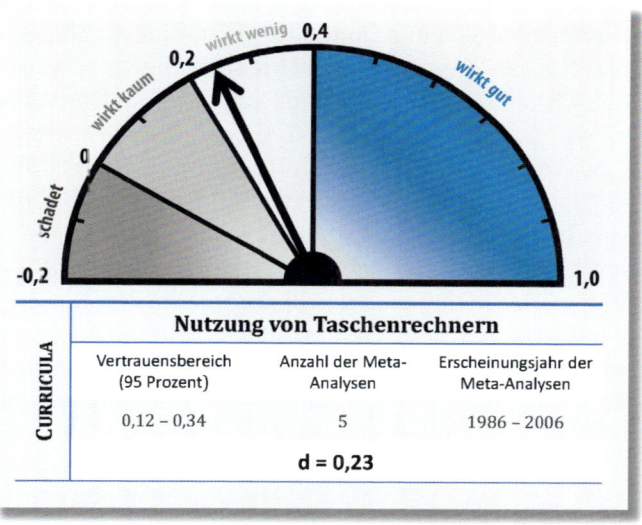

Der Faktor: Computerunterstützung

Die Frage, wie Computer im Unterricht Lernen revolutionieren können, ist angesichts der Anzahl an Meta-Analysen eine der am häufigsten untersuchten im Bildungsbereich. Knapp 40 Meta-Analysen befassten sich in den letzten vierzig Jahren mit diesem Thema. Und damit ist die Computernutzung – folgt man dem Datensatz in „Visible Learning" – einer der am besten untersuchten Bereiche der Unterrichtsforschung. Insofern sind die festgestellten Ergebnisse nicht nur als gesichert anzusehen, sondern auch als wichtig für zukünftige Entwicklungen in diesem Bereich und insbesondere für eine

Digitalisierung. Dies gilt umso mehr angesichts der Effektstärke von 0,41, die zwar über dem Umschlagpunkt liegt, für nicht wenige im pädagogischen Feld aber dennoch enttäuschend ist. Die Erwartungen an eine entsprechende Revolution sind groß und damit verbundene Hoffnungen weit verbreitet. Wie kommt es also, dass ein Computereinsatz (noch) nicht zu größeren Effekten führt? Eine erste Beobachtung aus den Primärstudien ist, dass Computer vielfach nur als Ersatz für traditionelle Medien eingesetzt werden. So fungiert der Computer als Lexikonersatz, als Arbeitsblattersatz, als Notizblockersatz usw. usf. Dabei zeigt sich: Solange Computer nur auf dieser Ebene, also auf der Eben des Ersatzes für traditionelle Medien eingesetzt werden, können keine durchschlagenden Effekte erreicht werden. Denn dann übernehmen sie wie diese nur die Funktion eines Informations-trägers. Das Potenzial jedoch, das lässt sich in den Meta-Analysen ebenfalls ablesen und anhand des größeren Vertrauensbereiches sichtbar machen, entfalten sie, je mehr sie nicht nur als Informationsträger, sondern zur Informationsverarbeitung eingesetzt werden. In dieser Informationsverarbeitung ist der Mehrwert von Computern im Vergleich zu anderen traditionellen Medien zu sehen. Denn sie ermöglicht einen intensiven Austausch über Lernen, über Fehler, über Stärken und über Schwächen. Dialog und Kooperation können infolgedessen durch einen Computereinsatz initiiert werden.

Einfluss neuer Medien auf schulische Leistungen?

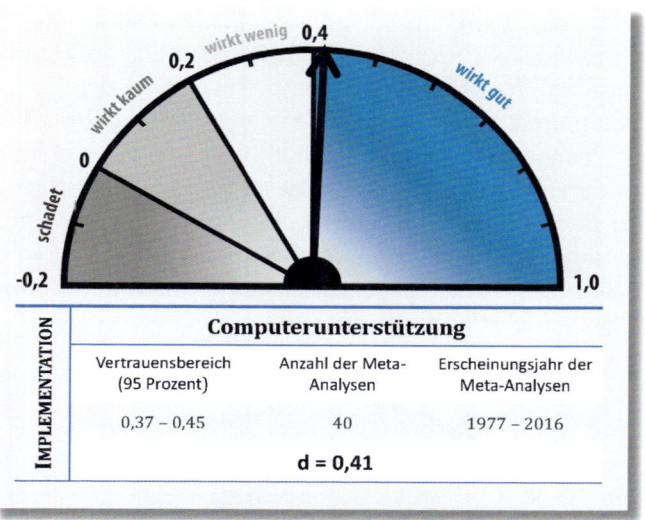

Der Faktor: Laptop-Einzelnutzung

Angesichts der finanziellen Summen, die aktuell zur Umsetzung einer Digitalisierung in das Bildungssystem fließen, ist es eine der am häufigsten ergriffenen Maßnahmen, Laptop-Klassen einzuführen. Der Gedanke dahinter: Wenn nur jeder Lernende einen eigenen Laptop hat, dann stellt sich Digitalisierung von alleine ein. Die vorliegenden Forschungsergebnisse weisen mit einer Effektstärke von 0,16 jedoch in eine andere Richtung und untermauern die Kernaussage, die bei der Erläuterung des Faktors „Computerunter-stützung im Unterricht" gefällt wurde. Besonders eindringlich macht diesen Sachverhalt die bereits angesprochene Studie „The Pen Is Mightier Than The Keyboard" von Pam A. Mueller und Daniel M. Oppenheimer (2014). Darin konnten sie nachweisen, dass Lernende sich Gehörtes besser merken können, wenn sie es mit Bleistift und Papier mitschreiben als mit Laptop oder Computer. Da mittlerweile Tablets langsam aber sicher Computer abzulösen scheinen, wird in diesem Zusammenhang das Argument angeführt, dass der Unterschied, wie Notizen gemacht werden können, im Hinblick auf traditionelle Medien und digitale Medien nicht mehr existiert: Genauso gut wie auf Papier lassen sich auf einem

Touchscreen handschriftliche Notizen machen. Das ist richtig. Was nun aber mit den Notizen passiert und wie sie Lernende verarbeiten können, ist wiederum nicht unabhängig von der Art des Mediums: In einer umfangreichen Meta-Analyse mit dem Titel „Don't Throw Away Your Printed Books" aus dem Jahr 2018 konnten Pablo Delgado und sein Team nachweisen, dass das Lesen von Texten auf Papier lernwirksamer und nachhaltiger ist als das Lesen von Texten auf Tablets & Co. Insofern gilt auch hier: Technik für sich alleine genommen und ohne die Einbettung in ein pädagogisches Gesamtkonzept erreicht nur eine geringe Wirksamkeit.

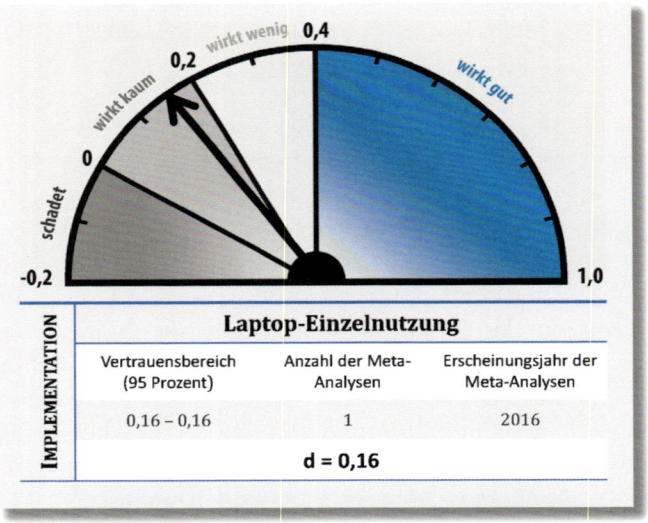

Der Faktor: Smartphones

Das Massenmedium heute ist zweifelsfrei das Smartphone. Nahezu jeder Jugendliche besitzt eines und selbst im Kindesalter ist es zunehmend verbreitet. Der Schluss, das Smartphone für Unterrichtszwecke zu nutzen, liegt nahe und wurde in den letzten Jahren zunehmend erforscht. In „Visible Learning" wurden insgesamt vier Meta-Analysen aus den letzten zehn Jahren ausgewertet. Obschon in den Primärstudien eine Reihe von Möglichkeiten aufgezeigt werden, wie

Smartphones sinnvoll in den Unterricht integriert werden können, so bleibt die errechnete Effektstärke von 0,39 hinter dem Umschlagpunkt von 0,4 zurück. Chancen für den Lernerfolg ergeben sich, sofern mithilfe von Smartphones zusätzliche Informationen gewonnen werden können, die für weitere pädagogische Interaktionen hilfreich sind. Hierzu zählt beispielsweise das Einholen von Feedback – ob formativ als Rückmeldung zum Unterricht oder summativ als Rückmeldung zum Leistungsstand (vgl. www.feedbackschule.de und Wisniewski & Zierer, 2017). Dieses Feedback kann von der Lehrperson effizient aufgegriffen und für den folgenden Unterricht genutzt werden. Trotz dieser Möglichkeiten ist aber auch auf die Grenzen von Smartphones im Unterricht hinzuweisen, die eindringlich in der Studie „Brain Drain" von Adrian F. Ward und Kollegen (2017) offengelegt werden. Sie kommen in ihrer Studie „Brain Drain" zu dem Schluss, dass allein die Anwesenheit des Smartphones zu einer verringerten Aufmerksamkeit und dadurch zu geringeren Leistungen führt. Erst wenn sich das Smartphone nicht mehr im selben Raum befindet wie der Lernende, steigen Aufmerksamkeit und Leistungsfähigkeit wieder an. Der Umgang mit Smartphones kann folglich nicht nur lernförderlich sein, er kann auch lernhinderlich werden und wird damit zu einem zentralen Thema einer Medienbildung. Aufschlussreich ist vor diesem Hintergrund das Ergebnis des Versuches einer Lehrperson, die Aktionen zu zählen, die die Smartphones ihrer Schulklasse im Lauf einer Unterrichtseinheit verursachen, wenn sie sich im Klassenzimmer befinden und eingeschaltet bleiben (vgl. Rosman 2018):

Einfluss neuer Medien auf schulische Leistungen?

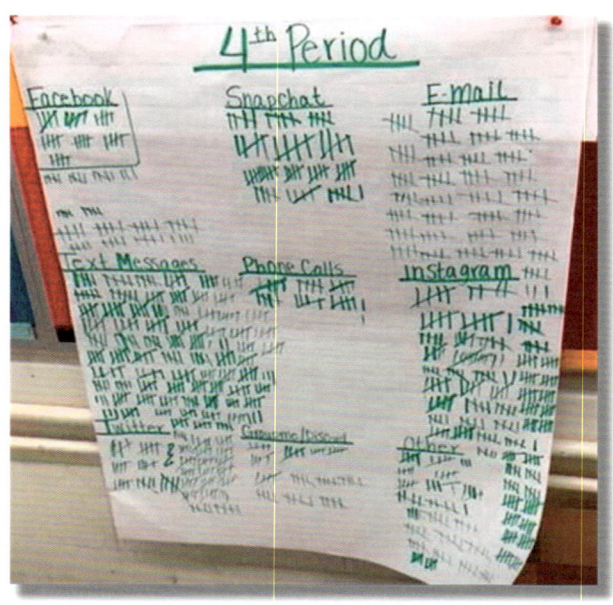

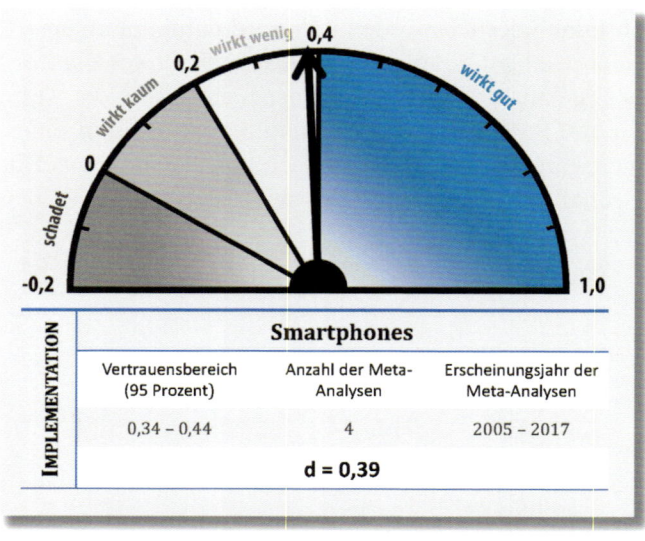

Der Faktor: Einsatz von PowerPoint

Kaum ein Medium hat in den letzten Jahren die Wissensvermittlung und Informationsweitergabe in allen gesellschaftlichen Bereichen so stark verändert wie PowerPoint: Ob Meeting, Konferenz, Vorlesung oder Unterricht, es werden Folien gezeigt – Ausnahmen bestätigen bekanntlich die Regel. Ausgerechnet Steve Jobs, der als Apple-Gründer ohne Frage einer Digitalisierung einen hohen Stellenwert beigemessen hat, forderte für seine Sitzungen allerdings: Keine PowerPoint. Seine Überzeugung war: „Menschen, die wissen, worüber sie reden, brauchen keine PowerPoint." Ein Blick in „Visible Learning" gibt ihm Recht. Denn der Einsatz von PowerPoint kommt nicht über eine Effektstärke von 0,26 hinaus. In zahlreichen Primärstudien werden Gründe genannt, warum der Einsatz von PowerPoint zu geringen, teilweise auch zu negativen Effekten auf Seiten der Lernenden führen kann. Erstens wird angeführt, dass Zuhörende häufig den Folien lieber folgen als dem Redner. Damit tritt an die Stelle des Gesprochenen das Gesehene und insofern an die Stelle des Redners die Technik. Zweitens wird festgestellt, dass Vortragende durch den Einsatz von PowerPoint nicht selten schneller und weniger überzeugend reden. Und drittens wird beobachtet, dass vielfach Folien überfrachtet sind. Dies zeigt sich nicht nur an zu viel Text, sondern beispielsweise auch darin, dass Abbildungen auf Folien nicht sukzessive aufgebaut werden (wie es beim Einsatz einer Tafel zwangsweise der Fall ist), sondern im Ganzen gezeigt werden. All das Gesagte kann Lernen behindern, wenn nicht sogar verhindern. Um folglich die Möglichkeiten von PowerPoint nutzen zu können, bedarf es einer Lehrerprofessionalität, die um die Grenzen dieses Mediums weiß.

Einfluss neuer Medien auf schulische Leistungen?

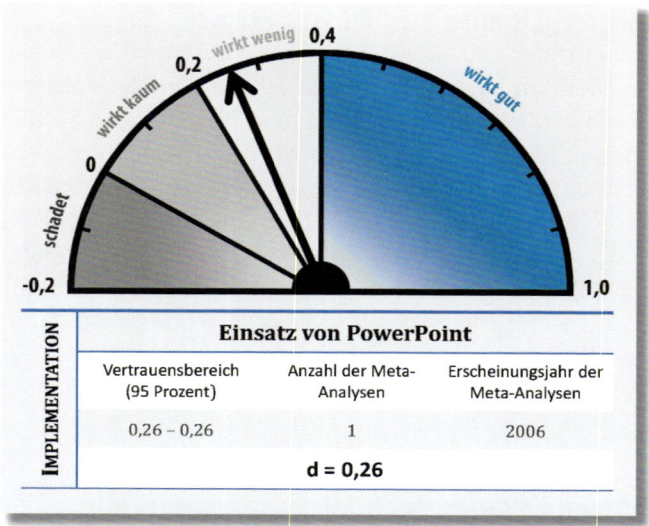

Der Faktor: Interaktive Lernvideos

Im Gegensatz zu allen anderen angesprochenen Faktoren gelingt es nur den interaktiven Lernvideos eine Effektstärke zu erreichen, die größer als der Umschlagpunkt von 0,4 ist. Eine Gesamteffektstärke aus sechs Meta-Analysen von 0,52 belegt dies. Dabei ist nicht unkommentiert zu lassen, dass die Effekte gering schwanken. Dies hat vor allem mit dem Thema, der Art und Weise der Aufbereitung sowie der Möglichkeit der Selbststeuerung zu tun. So zeigt sich beispielsweise eine Kombination von Ton und Bild bzw. Animation effektiver als reine verbale Erklärungen und farbige Darstellungen haben Vorteile gegenüber schwarz-weißen. Zentral jedoch dürfte die Möglichkeit angesehen werden, dass Lernvideos nicht nur individuell bedient werden können, sondern auch eine individuelle Rückmeldung enthalten. Insofern spielen auch hier Austausch und Kooperation eine tragende Rolle für den Erfolg.

Einfluss neuer Medien auf schulische Leistungen?

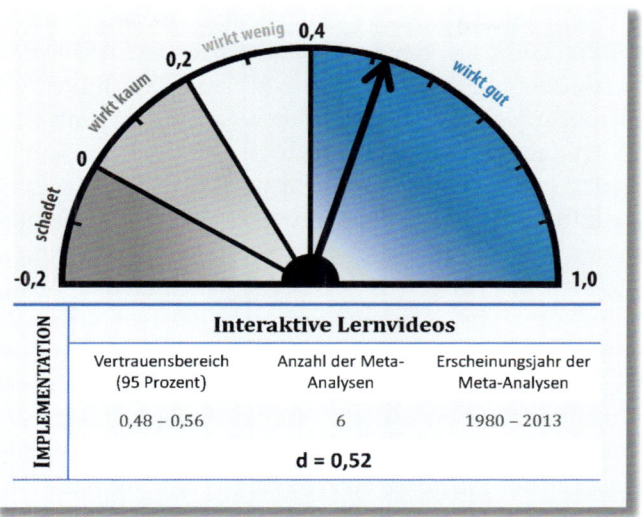

Der Faktor: Intelligentes Tutoringsystem

Auf den ersten Blick scheint dieser Faktor nachzuweisen, wie erfolgreich Digitalisierung im Bildungsbereich sein kann. Denn intelligente Tutoringsysteme erreichen in „Visible Learning" Effektstärken von 0,45. Auf den zweiten Blick wird aber sichtbar, dass der Vertrauensbereich so groß ist, dass Effektstärken unterhalb von 0,4 möglich sind. Was wird also unter diesem Faktor verstanden und wie lassen sich die nachgewiesenen Effekte erklären? Eingeführt wurden intelligente Tutoringsysteme unter anderem von Derek H. Sleeman und James R. Hartley als Computerprogramme, die für eine bestimmte Wissensdomäne Fragen auf unterschiedlichen Schwierigkeitsstufen formulieren und je nach Leistungsstand durch die Lernenden zu beantworten sind. Anhand der Antworten, die Lernende geben, ist ein intelligentes Tutoringsystem in der Lage, entweder passende Hilfestellung zu geben oder eine andere Frage zu stellen, die sich näher am Lernniveau befindet. Für bestimmte Fächer lässt sich eine entsprechende Software programmieren und wirksam in den Unterricht einsetzen: Mathematik, Physik, Chemie und auch Vokabellernen in einer Fremdsprache. Je abgrenzbarer und klarer folglich eine Domäne ist, desto effektiver kann sie in ein intelligentes Tutoringsystem überführt werden. Auf diesen zweiten Blick werden die Grenzen ebenso ersichtlich: Nicht jedes Fach lässt sich in ein Computerprogramm überführen und nicht jedes Leistungsniveau lässt sich in eine Softwarelösung verpacken. Beispielsweise sind Fächer wie Theologie, Philosophie oder Politologie weniger geeignet, weil diese mehr nach dem Sinn fragen und ein Verstehen erfordern, das sich in abgrenzbaren und klaren Antwortformaten eben nicht abbilden lässt. Demzufolge stößt ein intelligentes Tutoringsystem bei Aufgaben jenseits einer einfachen Wissens-vermittlung in Form von Reproduktion und Reorganisation an seine Grenzen und kann im Bereich des Transfers und des Problemlösens nur wenig Unterstützung bieten. Insofern hängt der positive Effekt eines intelligenten Tutoringsystems von der Fähigkeit der Lehrperson ab, ausgehend von einer fundierten Diagnose des Leistungsstandes der Schülerinnen und Schüler zu entscheiden, wann welches Hilfsmittel das Richtige ist. Die Beachtung motivationaler und auch emotionaler Aspekte spielt eine besondere Rolle, weil diese in intelligenten Tutoringsystemen (noch) nicht erkannt werden.

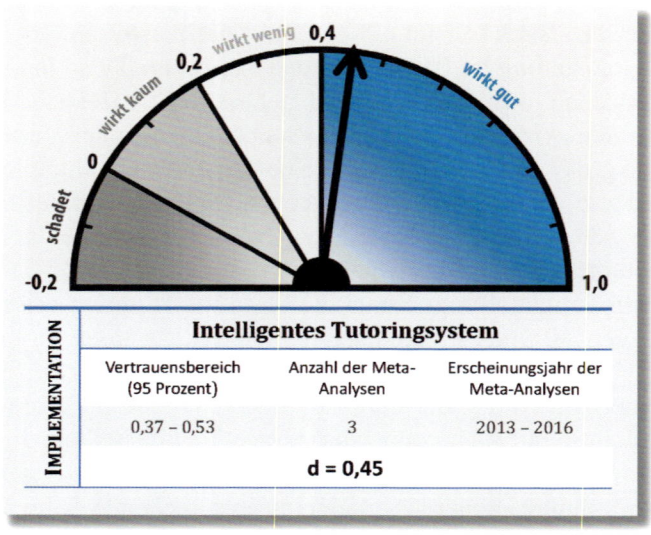

Der Faktor: Digitalisierung bei besonderem Förderbedarf

Der Faktor „Digitalisierung bei besonderem Förderbedarf" erreicht mit einer Effektstärke von 0,57 eine beachtliche Effektstärke. Die Gründe liegen auf der Hand – und vielleicht sind sie es, die in besonderer Art und Weise den Mehrwert einer Digitalisierung offenlegen können: Mithilfe von technischen Errungenschaften ist es möglich, Lernenden mit besonderem Förderbedarf unsichtbares sichtbar zu machen. Erinnert sei an Verfahren der Visualisierung für Taube und an Verfahren der Versprachlichung für Blinde. Für diese Lernende ermöglicht Digitalisierung eine neue Form der Teilnahme am Unterricht. Des Weiteren zählen zu diesem Faktor Interventions-programme, die Lernende mit besonderem Förderbedarf vor allem bei der Wissensaneignung und insofern auf den Ebenen der Reproduktion und Reorganisation unterstützen. Das kann beispielsweise erneut durch technische Verfahren geschehen, wie sie im Rahmen des Faktors „Intelligentes Tutoringsystem" beschrieben wurden.

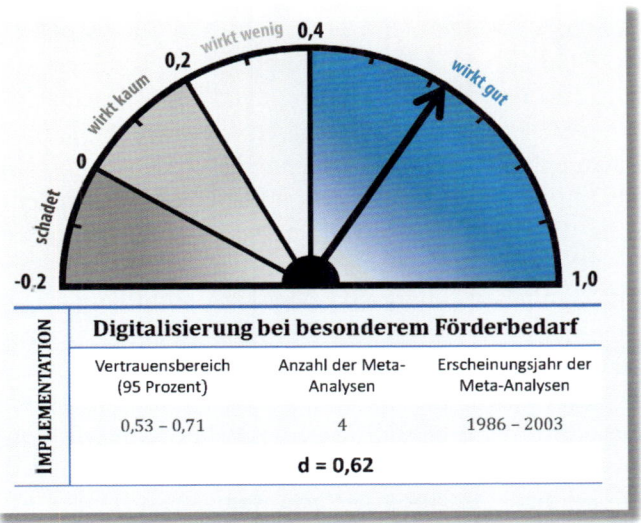

Der Faktor: Flipped Classroom

„Flipped Classroom" ist für viele der Nukleus einer erhofften digitalen Revolution. Im Kern werden zwei typische Phasen des Unterrichts räumlich und zeitlich vertauscht: Vermittlungsphase und Vertiefungsphase. Im Deutschen spricht man daher auch vom „umgedrehten Klassenzimmer". Ergebnis dieser Veränderung ist ein Rollenwechsel für Lehrpersonen, der das Ziel verfolgt, die Menge der Vermittlung in der Unterrichtsstunde zu reduzieren zugunsten einer Steigerung der Vertiefung in der Unterrichtsstunde. Kooperation, Kollaboration, soziale Interaktion und Teamarbeit stehen damit im Zentrum des Unterrichts. Entsprechend ändert sich auch das Rollenverständnis der Lernenden.

Die ersten Meta-Analysen, die veröffentlicht wurden, erzeugten aufgrund der hohen Effektstärken Aufmerksamkeit und schienen die Erwartungen zu erfüllen. Beispielsweise werten Cui Tan, Wei-Gang Yue und Yu Fu (2017) 29 Studien (aus dem tertiären Bereich in China) aus und kommen zu dem Ergebnis, dass ein „Flipped Classroom" den Lernenden helfen kann, Wissen, Fähigkeiten, Einstellungen, Selbstlernen, Studienzufriedenheit, kritisches Denken und Problemlösungsfähigkeiten zu verbessern. Sie berichten über alle Aspekte hinweg hohe Effektstärken von $d = 1{,}13$. Demgegenüber wirken die Ergebnisse, die Li Cheng, Albert D. Ritzhaupt und Pavlo Antonenko liefern, ernüchternd: Sie analysieren 55 Primärstudien aus westlichen Ländern und kommen lediglich auf eine Effektstärke von $d = 0{,}19$. Offensichtlich wirkt „Flipped Classroom" nicht immer. Was ist also der Kerngedanke eines „Flipped Classrooms" und was sind die Gelingensbedingungen?

Im herkömmlichen Unterricht findet die Vermittlung der Inhalte in der Regel im Klassenzimmer statt. Der Großteil der Unterrichtsstunde wird für den Input verwendet. Dies hat nicht selten zur Folge, dass die Vertiefung zu kurz kommt und in die Hausaufgaben verschoben wird – Letzteres führt dann häufig dazu, dass Hausaufgaben deutlich an Wirksamkeit verlieren (vgl. Hattie & Zierer, 2017). Anders das Vorgehen im „Flipped Classroom": Vermittlungsphase und Vertiefungsphase werden getauscht. Lernenden werden beispielsweise Videos oder Screencasts zur Verfügung gestellt, mit denen ein neues Thema eröffnet werden kann und zentrale Inhalte erarbeitet werden können.

Einfluss neuer Medien auf schulische Leistungen?

Schülerinnen und Schüler schauen sich diese Videos zu Hause an und lernen anhand von passenden Aufgaben die neuen Inhalte kennen. Der Input kann räumlich und zeitlich den Vorstellungen der Lernenden folgen. Wenn sie beispielsweise Videos ansehen, können sie während des Videos anhalten oder zurückspielen. Bei Fragen oder Verständnisproblemen können Lernende die Lehrperson, aber auch Mitschülerinnen und Mitschüler über das Internet fragen. So bleibt Zeit für Übungen und Vertiefungen im Klassenzimmer. Die Lehrperson ist damit nicht nur Lernbegleiter oder Lerncoach, sondern auch Change Agent: sie kann und muss individuell unterstützen. Zudem ist sie verantwortlich für das Design, die Auswahl und die Bereitstellung geeigneter Materialien, die Schülerinnen und Schüler außerhalb des Unterrichts bearbeiten können. In der Vertiefungsphase können Fragen, die in der Vermittlungsphase entstanden sind, von der Lehrperson aufgegriffen werden. Vermittlungsphasen und Vertiefungsphasen werden also räumlich und zeitlich ausgetauscht („flipped"):

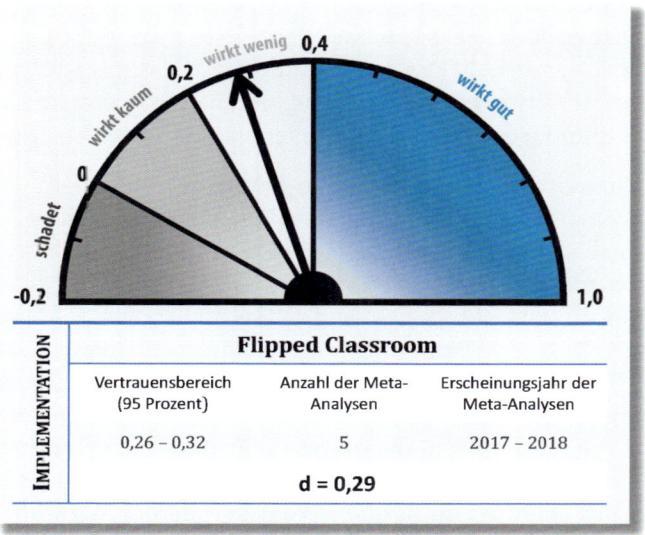

In den letzten Jahren wurden viele Formen des „Flipped Classroom" entwickelt. Insofern sind zahlreiche Möglichkeiten vorhanden, wie und in welcher Form der Unterricht verändert werden kann. Eine einheitliche Strategie, die in jedem Klassenzimmer, für jedes Unterrichtsfach, für jede Lehrperson und für jeden Schüler funktioniert, gibt es folglich nicht (vgl. Bermgann & Sams, 2014).

Im Mittelpunkt aller Überlegungen steht das Ziel, einen „lernerzentrierten" Unterricht (statt eines „lehrerzentrierten" Unterrichts, ohne aber in die Extreme verfallen zu wollen!) zu etablieren. Dadurch sollen die bisherigen Erfahrungen, Interessen und Hintergründe der Lernenden stärker berücksichtigt werden. Die Methode kann so eine Individualisierung und Differenzierung im Klassenzimmer ermöglichen. Die Lernenden können individuell gefördert und gefordert werden.

Zu beachten ist, dass es möglich ist, das „Flipped Classroom" mit traditionellen Medien zu realisieren. Auf diese Weise können in der ausgelagerten Vermittlungsphase Bücher und Arbeitsblätter eingesetzt werden. Der Vorteil digitaler Medien ist hier, dass sie das Gesagte meistens schnell und einfach möglich machen. Wieder einmal ist es somit die Überwindung von Zeit und Raum, die Zeit und Raum für den Dialog im Klassenzimmer schafft.

Wie jeder andere Faktor, so unterliegt auch der Faktor „Flipped Classroom" bestimmten Bedingungen, wie sie insbesondere die Meta-Analysen offenlegen. Dazu gehört unter anderem:

1. Die Qualität der Beiträge, die die Lernenden außerhalb des Klassenzimmers erarbeiten sollen, ist nicht unerheblich. So gibt es beispielsweise auf YouTube eine große Anzahl von Erklärvideos zu verschiedenen Themen. Aber nicht alle von ihnen sind zu empfehlen. In diesem Zusammenhang ist es nicht zuletzt Aufgabe der Lehrperson, den Schülerinnen und Schülern ein passendes Angebot zu unterbreiten. Und bitte beachten Sie: Ein Erklärvideo aus YouTube hat keine Möglichkeit zur Interaktion.
2. Durch die Auslagerung der Vermittlungsphase erhält der eigentliche Unterricht mehr Zeit und Raum für die Vertiefung des Gelernten. Dies zeigt sofort, dass die Auslagerung der Vermittlung von Inhalten auf der Ebene eines Oberflächenverständnisses zu beschränken ist und nicht für die Auslagerung der Vermittlung von Inhalten auf der Ebene eines Tiefenverständnisses geeignet ist. Für Letzteres ist nun mehr Zeit in der Vertiefungsphase.

3. Das Lernen im „Flipped Classroom" erfordert ein gewisses Maß an Verantwortung seitens der Lernenden. Schülerinnen und Schüler, die sich nicht gründlich vorbereiten und die Vermittlungsphasen nicht gewissenhaft abschließen, können die Vertiefungsphasen nicht effektiv verfolgen. In dieser Hinsicht erfordert ein erfolgreiches, umgedrehtes Klassenzimmer eine intensive, vertrauensvolle und wertschätzende Beziehung zwischen Lernenden und Lehrperson sowie effektive Unterrichtsregeln und Rituale.
4. Lernende müssen über bestimmte Fähigkeiten verfügen, um im „Flipped Classroom" zu lernen. Dazu gehört neben der Gewissenhaftigkeit auch die Fähigkeit zur Selbsteinschätzung. Da Letzteres nicht selbstverständlich ist (Stichwort „Dunning-Kruger-Effekt", vgl. Hattie & Zierer, 2017), muss das „Flipped Classroom" je nach Leistungsniveau der Lernenden Schritt für Schritt eingeführt werden und an dieses angepasst werden.

Das Gesagte macht deutlich: „Flipped Classroom" ist nicht nur eine Unterrichtsform. Eng damit verbunden ist eine Haltung zum Lernen und Lehren. Infolgedessen verlangt es von allen Beteiligten eine gemeinsame Vision von Unterricht, die oft nicht mit den traditionellen Mustern übereinstimmt.

Schlussfolgerung: Lernen bleibt Lernen

Was bleibt angesichts der empirischen Studien zur Wirksamkeit von schulischen Interventionen, die im Kontext einer Digitalisierung zu sehen sind? Welche Schlüsse lassen sich ziehen? Zunächst lohnt nochmals ein Blick auf die besprochenen Faktoren und die durchschnittlichen Gesamteffektstärke:

Im Mittel ergibt diese Zusammenstellung eine Effektstärke von 0,32. Insofern ist man geneigt zu folgern, dass wir schon seit 30, 40 Jahren auf eine digitale Revolution warten, sie allerdings in der erhofften Form (noch) nicht gekommen ist.

Faktor	Effektstärke
Clicker	0,22
Computerunterstützung im Unterricht	0,47
Digitalisierung bei besonderem Förderbedarf	0,57
Digitalisierung beim Lesen	0,29
Digitalisierung beim Schreiben	0,42
Digitalisierung im Fernunterricht	0,01
Digitalisierung im Primarbereich	0,44
Digitalisierung im Sekundarbereich	0,30
Digitalisierung im Tertiärbereich	0,42
Digitalisierung in anderen Fächern	0,55
Digitalisierung in den Naturwissenschaften	0,23
Digitalisierung in Kleingruppen	0,21
Digitalisierung in Mathematik	0,33
Einsatz von PowerPoint	0,26
Flipped Classroom	0,29
Intelligentes Tutoringsystem	0,48
Interaktive Lernvideos	0,54
Laptop-Einzelnutzung	0,16
Visuelle und audio-visuelle Medien	0,10
Nutzung von Taschenrechnern	0,27
Online Lernen	0,29
Programmierte Instruktion	0,24
Simulationsspiele	0,35
Smartphones	0,37
Webbasiertes Lernen	0,18
Gesamt	**0,32**

Wichtiger aber noch als die genannten Effektstärken sind die dafür verantwortlichen Gründe. Denn nur wenn man versteht, warum ein Faktor nicht den erhofften Effekt erzielt, ist es möglich, durch Unterstützungsmaßnahmen ihn zukünftig vielleicht doch herbeiführen zu können. Warum also schafft es Digitalisierung (noch) nicht, einen größeren Einfluss auf die schulischen Leistungen der Lernenden zu haben? Die Gründe wurden bereits angesprochen, sie sollen im Folgenden aber nochmals gebündelt werden:

Einfluss neuer Medien auf schulische Leistungen?

Allein das Aufstellen der neuesten Technik führt nicht dazu, dass Lehrpersonen diese sinnvoll in ihren Unterricht integrieren und dann das durchaus vorhandene Potenzial einer Digitalisierung ausschöpfen. Vielmehr werden neue Medien in erster Linie als Ersatz für traditionelle Medien genutzt und in diesem Sinn ausschließlich als Informationsträger: Der Computer als Lexikonersatz, das Tablet als Arbeitsblattersatz und das Smartboard als Tafelersatz. Wenn es jedoch Lehrpersonen gelingt, so ein wichtiges Ergebnis aus den zahlreichen Primärstudien in diesem Bereich, neue Medien nicht nur als Informationsträger, sondern auch zur Informationsverarbeitung zu nutzen, dann sind ohne Weiteres höhere Effektstärken jenseits der durchschnittlichen Effektstärke von $d = 0,4$ möglich. Eine Sportlehrperson, die die Videoaufnahme eines Bewegungsablaufes einer Schülerin nutzt, um mit dieser danach ins Gespräch zukommen und anhand des Vor- und Zurückspielens oder des Abspielens in Zeitlupe kognitive Prozesse anzuregen, ist ein solches Beispiel.

Insofern lässt sich als Fazit ziehen: Eine Digitalisierung kann im Unterricht hilfreich sein, wenn sie kein Selbstzweck ist, sondern ...

... die Lernausgangslage berücksichtigt,
... herausfordert,
... Vertrauen aufbaut und Zutrauen ermöglicht,
... Fehler sichtbar macht und
... Gespräche über den eigenen Lernprozess initiiert.

Werden diese Grundsätze einer Digitalisierung im Bildungsbereich beachtet, ist der Schritt vom Informationsträger hin zur Informationsverarbeitung möglich. Digitalisierung kann so zu einem Mehr an kognitiver und sozialer Vernetzung beitragen. Fehlen diese Grundsätze, bleibt eine Digitalisierung auf einer Ersatzebene und kann keine nachhaltigen positiven Effekte auf das Lernen von Schülerinnen und Schüler haben.

An dieser Stelle drängen sich problematische Botschaften im Umkreis einer Digitalisierung im Bildungsbereich auf. Nicht selten begegnet man nämlich der Auffassung, die vor allem von so manchem Technikkonzern artikuliert wird: Lernen ist etwas Leichtes, wenn nur die richtige Technik zur Verfügung gestellt wird. Dabei gibt es nichts

Falscheres als das. Denn Lernen hat immer mit Anstrengung zu tun. Wer lernt, muss an seine Grenzen gehen, muss eingestehen, etwas nicht zu können, muss Kraft aufbringen und Einsatz zeigen, um sich weiterzuentwickeln, ja muss Fehler machen, Umwege- und Irrwege gehen. Bildung hat immer mit Veränderungen zu tun und sie zeigt sich nicht in der Beantwortung der Frage, was hat man aus mir gemacht, sondern darin, was ich aus meinem Leben gemacht habe (vgl. Zierer, 2015a).

Ähnlich argumentiert Neil Postman (1988), der im Zug einer zunehmenden Technisierung des Bildungsbereiches davor warnt, Unterricht als Unterhaltung zu sehen. Digitalisierung mit all ihren Möglichkeiten birgt in sich diese Gefahr, mit fatalen Folgen für den Unterricht: Gute Unterhaltung setzt nichts voraus, erfordert keine Anstrengung und ist nicht verbindlich. Guter Unterricht ist genau das Gegenteil: Er setzt die Herausforderung, verlangt Einsatz und basiert auf gegenseitigen Rechten und Pflichten von Lernenden und Lehrperson.

Dieser Punkt verliert im Übrigen nichts an Bedeutung, auch wenn man mit Blick auf die heranwachsende Generation von Digital Natives spricht, wie bereits im ersten Kapitel erläutert wurde: Es mag durchaus sein, dass Kinder und Jugendliche heute mit einem anderen Bewusstsein zu neuen Medien aufwachsen. All das ändert aber nichts daran, dass sie nach denselben Grundsätzen lernen wie die ältere Generation: Sie brauchen klare Ziele, strukturierte Lernumgebungen, Phasen des bewussten Übens und eine intensive Lehrer-Schüler-Beziehung. Die menschliche Evolution kommt der digitalen Revolution in diesem Fall nicht hinterher. Lernen bleibt folglich Lernen – ob digital oder nicht. Am Beispiel der Vergessenskurve lässt sich dieser Gedanke veranschaulichen (vgl. Hattie & Zierer, 2017, S. 64):

Einfluss neuer Medien auf schulische Leistungen?

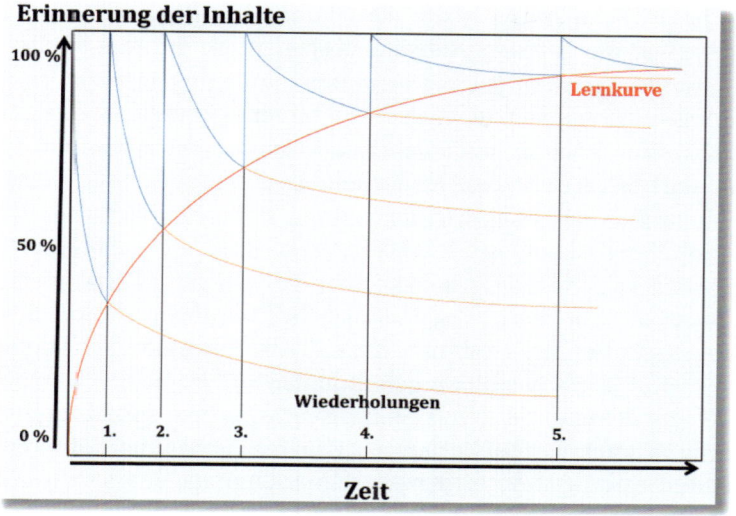

Wir wissen aus der Psychologie, dass mindestens sechs bis acht Wiederholungen notwendig sind, um eine Information vom Kurzzeitgedächtnis ins Langzeitgedächtnis zu bringen. Folgen also keine Übungsphasen, so nimmt das Vergessen seinen Lauf. Anders ausgedrückt: Der Moment des Vergessens beginnt im Moment des Merkens. Dieser Grundsatz des Lernens gilt unabhängig davon, mit welchen Medien gelernt wird.

Um infolgedessen den Mehrwert einer Digitalisierung, den sie faktisch haben kann, im Vergleich zu traditionellen Medien ausschöpfen zu können, ist der Schritt vom Informationsträger zur Informationsverarbeitung nötig. Und dieser gelingt nur, wenn Lehrpersonen dazu in der Lage sind. Insofern sind systematische Lehrerfort- und Lehrerweiterbildungen notwendig, die – und das nur nebenbei bemerkt – Effektstärken von $d = 0{,}51$ erreichen (Hattie, 2014, S. 278; siehe auch Hattie, 2013, S. 143–145). In diesen müsste Lehrpersonen deutlich gemacht werden, worin der Nutzen einer Digitalisierung zu sehen ist und wie diese gewinnbringend in Lehr-Lern-Prozesse eingesetzt werden kann. Leider wird bildungspolitisch daran nicht immer gedacht: Man investiert gerne in Technik, nicht immer in Menschen und geht davon aus, dass jeder, der ein Handy und einen Computer besitzt, weiß, wie

Einfluss neuer Medien auf schulische Leistungen?

man diese Technik sinnvoll in den Unterricht integriert – ein Trugschluss, wie die Bildungs-forschung eben zeigt und mal wieder ein Beleg dafür, das so oft fleißig Strukturveränderungen betrieben werden, ohne die Personen, die diese Strukturveränderungen erst zum Leben erwecken können, mitzunehmen. Strukturen schaffen und Menschen stärken, so muss die Devise lauten.

Euphoriker der neuen Medien wehren sich gegen derartige Kritik und argumentieren beispielsweise damit, dass die genannten Einwände durchaus berechtigt seien – aber dies nur für die Hardware und Software von vor fünf, zehn Jahren gelte, wohingegen die neuesten Errungenschaften des Computerzeitalters bereits einen Schritt weiter seien und all das Gesagte aufgeholt hätten. Aber auch hier sprechen Ergebnisse der empirischen Bildungsforschung eine zurückhaltendere Sprache. Nimmt man beispielsweise alle oben genannten Faktoren aus „Visible Learning", die im Kontext einer Digitalisierung zu verorten sind, und betrachtet für diese die von John Hattie gefundenen Meta-Analysen im Hinblick auf das Erscheinungsjahr und die darin errechneten Effektstärken, so ergibt sich folgende Darstellung:

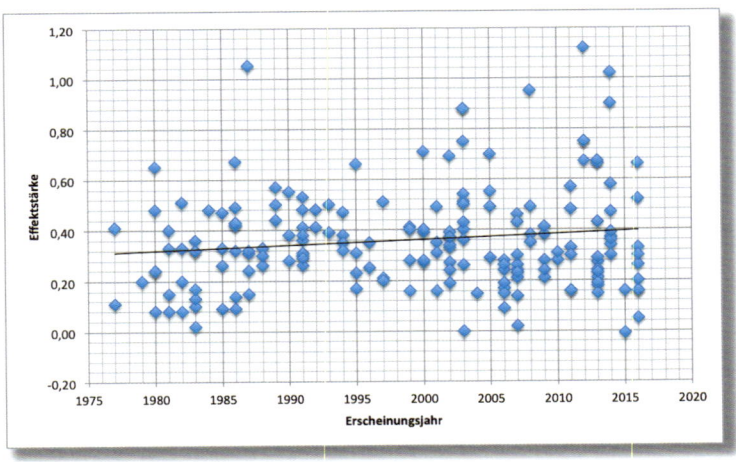

Das Resultat zeigt (neben einer großen Streuung) einen leichten Anstieg der Effektstärken mit dem Erscheinungsjahr der Primärstudien in den letzten 30, 40 Jahren – ohne aber in den Bereich der erwünschten Effekte vorzudringen. Interessant ist der Vergleich dieses Anstieges mit den technischen Fortschritten im Kontext der Digitalisierung, die mehr als rasant verlaufen sind. Nehmen Sie als Beispiel die Leistungsentwicklung von Prozessoren und von Speichermedien. So muss festgehalten werden, dass die Pädagogik nicht mit der Digitalisierung Schritt hält, ja gar nicht kann, weil Lernen anderen Gesetzmäßigkeiten folgt als Digitalisierung. Daran ändern auch die neuesten Errungenschaften des digitalen Zeitalters nichts – und es wäre sogar töricht, dies zu fordern. Die neueste Technik braucht ebenso den Menschen, der sie bedienen kann, und Programmierer sind mehr denn je nicht davor gefeit, das durchaus vorhandene Mehr an Programmiermöglichkeiten falsch zu lenken.

Ob folglich eine Digitalisierung im Bildungsbereich erfolgreich ist, hängt in entscheidender Weise von der Professionalität der Lehrpersonen ab.

ZUSAMMENFASSUNG:

Welches Vorgehen wird in „Visible Learning" verwendet?

„Visible Learning" umfasst den derzeit größten Datensatz der empirischen Bildungsforschung, der je in einem Buch ausgewertet worden ist. Über 800 Meta-Analysen hat John Hattie zusammenge-tragen und mithilfe einer Synthese zusammengefasst. Das Ergebnis sind 150 Faktoren, deren Einfluss auf die Lernleistung von Schüler-innen und Schüler mithilfe von Effektstärken angegeben wird. Dabei spielt die Effektstärke d = 0,4 als Umschlagpunkt eine besondere Rolle, markiert sie den Wert ab dem pädagogische Maßnahmen eine überdurchschnittliche Wirkung erzielen.

Welche allgemeinen Ergebnisse im Hinblick auf digitales Lernen gibt es?

Entscheidend für den Erfolg einer Digitalisierung ist nicht die Altersstufe, nicht das Fach und nicht die Technik. Vielmehr weisen die allgemeinen Ergebnisse aus „Visible Learning" darauf hin, dass es wichtiger ist, wie es der Lehrperson gelingt, digitales Lernen in den Unterricht zu integrieren.

Welchen Effekt haben die Faktoren „Flipped Classroom", „Digitalisierung bei besonderem Förderbedarf", „Interaktive Lernvideos", „Intelligentes Tutoringsystem", „Computerunterstützung", „Smartphones", „Visuelle und audio-visuelle Medien", „Nutzung von Taschen-rechnern", „Programmierte Instruktion", „Einsatz von PowerPoint", „Webbasiertes Lernen" und „Laptop-Einzel-nutzung" auf den Lernerfolg?

Im Durchschnitt bleiben die genannten Faktoren unter dem Umschlagpunkt von 0,4 und erreichen zusammen lediglich eine Effektstärke von 0,32 Ein differenzierter Blick auf die Studien zeigt dabei, dass aber einzelne Faktoren durchaus in den erwünschten Bereich hineinwirken können. Der Grund dafür ist jedoch nicht nur in der Technik zu suchen, sondern vor allem in der Kompetenz und Haltung der Menschen, die mit dieser Technik arbeiten sollen.

Einfluss neuer Medien auf schulische Leistungen?

Welche Kernbotschaft lässt sich aus den bestehenden Forschungen im Hinblick auf eine Digitalisierung in Schule und Unterricht ableiten?

So wichtig eine Digitalisierung im Bildungsbereich ist, allein die Ausstattung von Schulen mit der neuesten Technik wird zu keiner Revolution des Lernens führen. Entscheidend für den Erfolg einer Digitalisierung im Bildungsbereich sind die Menschen, die mit den neuen Medien arbeiten. Dabei zeigt sich besonders deren Kompetenz und Haltung als ausschlaggebend. Infolgedessen sind aus bildungs-politischer Sicht nicht nur Strukturen zu schaffen, sondern auch die Menschen zu stärken, die die Strukturen erst zum Leben erwecken können.

Warum bleibt Lernen Lernen?

Das Versprechen, dass eine Digitalisierung Lernen revolutioniere, verkennt die Tatsache, dass Lernen nicht denselben Fortschritts-mechanismen folgt. Vielmehr unterliegt es evolutionären Prozessen, die wesentlich langsamer und im Hinblick auf das Lernen wesentlich konstanter erscheinen. So zeigt sich, dass gewisse Grundsätze des Lernens von einer Digitalisierung unberührt bleiben. Das Ergebnis, dass für ein nachhaltiges Lernen mindestens sechs bis acht Wiederholungen notwendig sind, sei erneut als Beispiel genannt.

4 Vom Informationsträger zur Informationsverarbeitung

Ein Modell zur Orientierung

REFLEXIONSAUFGABE:

Reflektieren Sie, welche Konsequenzen der Wechsel vom Informationsträger zur Informationsverarbeitung im Hinblick auf eine Digitalisierung nach sich ziehen muss. Finden Sie Beispiele, in denen neue Medien zu unterschiedlichem Zweck eingesetzt wurden?

ZIELE:

In diesem Kapitel wird Ihnen ein Modell vorgestellt, das Ihnen in Ihrer täglichen Unterrichtspraxis eine Hilfestellung sein soll. Es stammt im Kern von Ruben C. Puentedura und wird mit den bisher angestellten Überlegungen angereichert und weiterentwickelt. Wenn Sie dieses Kapitel gelesen haben, dann sollten Sie folgende Fragen beantworten können:

- Was versteht Ruben C. Puentedura unter SAMR-Modell?
- Wodurch ist eine Digitalisierung auf der Ebene der Substitution (Ersetzung), der Ebene der Augmentation (Erweiterung), der Ebene der Modification (Änderung) und der Ebene der Redefintion (Neubelegung) gekennzeichnet?
- Was ist das Ziel des iPAC-Modells?
- Was ist kennzeichnend für die Grundprinzipien „Personalization" (Personalisierung), „Authenticity" (Authentizität) und „Collaboration" (Zusammenarbeit)?
- Wie können das SAMR-Modell und das iPAC-Modell zusammengeführt werden?
- Warum ist die Frage nach dem Warum des Medieneinsatzes die entscheidende?

So einsichtig die Kernbotschaft aus dem vorhergehenden Kapitel auch sein mag, im konkreten Fall dürfte sie Lehrpersonen wenig weiterhelfen. Denn dann ist immer aufs Neue ihre Professionalität gefragt, in Anbetracht der Klassensituation zu entscheiden, welches Medium wie und vor allem zu welchem Zweck eingesetzt werden soll.

Um die damit verbundene Herausforderung bewältigen zu können, hat sich die Allgemeine Didaktik als die Wissenschaft vom Lernen und Lehren in allen Jahrgangsstufen, in allen Fächern und in allen Schularten zur Aufgabe gemacht, didaktische Modelle anzubieten, die für sich in Anspruch nehmen, Arbeitsmodelle zu sein:

Arbeitsmodelle befinden sich im Anschluss an Überlegungen von Karl-Heinz Flechsig (1991) zwischen Praxisbeschreibungen und Kategorialmodellen. Während die zuerst Genannten eine konkrete Situation beschreiben und damit verdeutlichen, wie man es machen kann, formulieren die zuletzt Genannten theoretische Ansprüche und zeigen somit, was gegeben sein müsste, damit etwas funktionieren kann. Arbeitsmodelle hingegen zeichnen sich durch eine praktische Theorie oder theoretische Praxis aus. Sie versuchen erkenntnis-theoretisch begründet und empirisch bestätigt Orientierungs-verallgemeinerungen zu benennen.

Im Kontext einer Digitalisierung ist das SAMR-Modell von Ruben C. Puentedura als ein solches Arbeitsmodell anzuführen. Ein weiteres Modell dieser Art, das im Zusammenhang mit der Digitalisierung besonders erwähnenswert ist, ist das iPAC-Modell, das von einer Gruppe von Forschenden und Lehrenden der University of Hull, Großbritannien, und der University of Technology, Sydney, Australien, entwickelt wurde (vgl. Kearney, Schuck, Burden & Aubusson, 2012; Mobilelearningtoolkit, 2018). Beide Modelle sind innerhalb des erziehungswissenschaftlichen und des unterrichtspraktischen Diskurses bekannt und beide erfüllen die angesprochenen Kriterien eines Arbeitsmodells in besonderer Weise. Insofern sollen sie für die weiteren Ausführungen leitend sein (vgl. Puentedura, 2017a, 2017b; Common Sense, 2017; Wilke, 2017).

Das SAMR-Modell

Das SAMR-Modell unterscheidet im Wesentlichen vier Ebenen einer Digitalisierung in Schule und Unterricht:

1. Auf der Ebene „Substitution" wird Digitalisierung als Ersatz für traditionelle Medien verwendet, ohne dass ein entsprechender Mehrwert erkennbar ist, ja nicht einmal eingefordert wird. Insofern kann auf Deutsch von der Ebene der Ersetzung gesprochen werden.
2. Auf der Ebene „Augmentation" wird Digitalisierung als Erweiterung traditioneller Medien verstanden, indem mehrere traditionelle Medien zusammengefasst werden und dank digitaler Verbindung im Hinblick auf Geschwindigkeit und Verfügbarkeit ein Mehrwert möglich ist. Insofern kann auf Deutsch von der Ebene der Erweiterung gesprochen werden.
3. Auf der Ebene „Modification" wird Digitalisierung eingesetzt, um Aufgaben in einer Art und Weise zu verändern, die mit traditionellen Medien nicht möglich wäre. Insofern kann auf Deutsch von der Ebene der Änderung gesprochen werden.
4. Auf der Ebene der „Redefinition" erfolgt zusätzlich eine Neubelegung der Aufgabe im Hinblick auf kommunikative und inhaltliche Vernetzung. Insofern kann auf Deutsch von der Ebene der Neubelegung gesprochen werden.

Vom Informationsträger zur Informationsverarbeitung

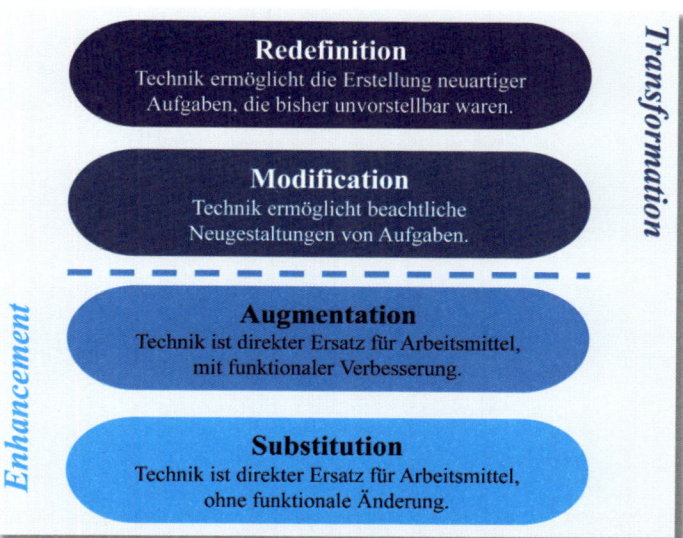

Quelle: vgl. Common Sense 2017

Wie diese kurze Beschreibung der Digitalisierungsebenen zeigt, ist der Wechsel vom Informationsträger hin zur Informations-verarbeitung erkennbar. Er spielt sich vor allem im Übergang von der zweiten zur dritten Ebene ab. Überträgt man diesen Gedanken auf eine Evidenzbasierung im Anschluss an John Hattie, so lässt sich argumentieren, dass auf der ersten und zweiten Ebene eine Effektstärke unterhalb von 0,4 zu erwarten ist, sofern neue Medien mit traditionellen Medien verglichen werden. Interessanter wird es auf der dritten und vierten Ebene, wo Effektstärken oberhalb von 0,4 erreichbar sind.

Insofern sind damit auch die entscheidenden Möglichkeitsräume einer Digitalisierung genannt: Je besser es Lehrpersonen gelingt, neue Medien so einzusetzen, dass sie bisherige Aufgaben im Hinblick auf Anforderungsniveau und Kommunikation ändern und neubelegen, desto größer wird der Einfluss auf die Lernleistung von Schülerinnen und Schüler sein.

Quelle: vgl. Common Sense 2017

Interessant ist vor diesem Hintergrund auch die Verbindung zur weiter oben angestellten Begriffsbestimmung eines Lernen 4.0. Dieses wurde charakterisiert durch ein Lernen, das sich erstens durch einen hohen Grad an kognitiver Vernetzung und zweitens durch einen hohen Grad an sozialer Vernetzung auszeichnet. Damit fällt ein Lernen 4.0 mit der Ebene der Neubelegung zusammen, wie sie Ruben C. Puentedura beschreibt. Des Weiteren kann ein Lernen 1.0 als ein Lernen auf der Ebene der Ersetzung gesehen werden, das kognitiv und sozial wenig vernetzt anzusehen ist. Je mehr der Grad an Vernetzung in diesen Feldern ansteigt, desto eher findet ein Übergang zu einem Lernen 2.0 und einem Lernen 3.0 statt.

Wichtig in diesem Zusammenhang ist die Einsicht, dass ein solches Lernen 4.0 nicht nur mit einer Digitalisierung möglich ist. Denn ein Lernen mit einem hohen Grad an kognitiver Vernetzung einerseits und einem hohen Grad an sozialer Vernetzung andererseits bedarf nicht zwingend einer Digitalisierung. Vielmehr ist der Zusammenhang in diesem Kontext umgekehrt: Eine Digitalisierung hat vor allem in diesem Bereich ihre Möglichkeiten. Insofern liegt der Mehrwert einer Digitalisierung, genau in diesen Bereich vordringen zu können.

In den folgenden Kapiteln soll jeder dieser Ebenen noch genauer erläutert werden. Zu diesem Zweck wird die Aufgabe, eine Geschichte zu verfassen, genommen. Insofern ein alltägliches Unterrichtsbeispiel, das sowohl in der Muttersprache als auch in der Fremdsprache stattfinden kann.

Die Ebene der Ersetzung: Substitution

Für gewöhnlich schreiben Schülerinnen und Schüler ihre Geschichten mit Papier und Bleistift. Je nach Leistungsvermögen wird die Aufgabe besser oder schlechter gelöst werden. Wird nun anstelle von Papier und Bleistift der Computer verwendet, so erfolgt zwar eine Digitalisierung im Lernprozess, allerdings ausschließlich auf der Ebene der Ersetzung: Papier und Bleistift werden durch einen Computer ersetzt. Ein Mehrwert wird dadurch nicht möglich sein. Die Geschichte wird durch den Einsatz eines Computers keine andere werden. Sofern die Lernenden nicht ebenso schnell Tippen können wie sie mit der Hand schreiben, besteht vielmehr die Gefahr, dass sich infolge der Ersetzung der traditionellen Medien durch neue Medien ein negativer Effekt einstellt. Damit zeigt sich an diesem Beispiel erneut, dass eine Digitalisierung Lernen auch behindern kann. Infolgedessen wird die Frage nach dem Warum die entscheidende sein: Welches Ziel wird mithilfe des Einsatzes neuer Medien zu erreichen versucht?

Vom Informationsträger zur Informationsverarbeitung

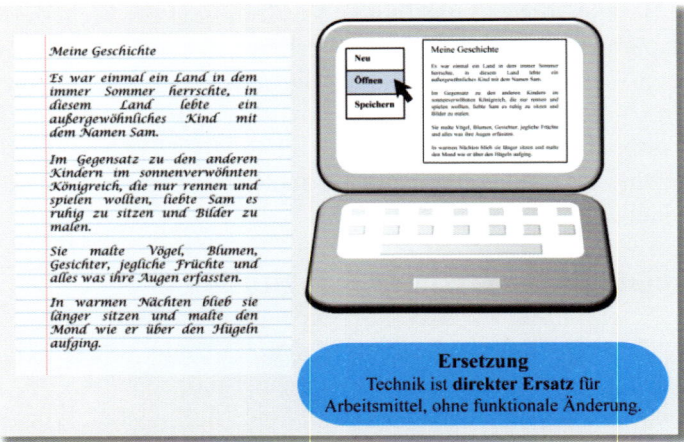

Quelle: vgl. Common Sense 2017

Die Ebene der Erweiterung: Augmentation

Bei der Bewältigung der Aufgabe, eine Geschichte zu schreiben, könnten den Lernenden neben Papier und Bleistift verschiedene Nachschlagewerke zur Verfügung gestellt werden. Zu denken ist beispielsweise an ein Rechtschreib-, ein Grammatik- und ein Stilwörterbuch. Durch diese Unterstützungsmedien wird zwar die Geschichte auf der inhaltlichen Ebene nicht unbedingt besser werden, aber doch ein deutlicher Sprung im Hinblick auf die sprachliche Ausgestaltung möglich sein. Eine Digitalisierung wäre in diesem Fall leicht realisierbar, bieten doch nahezu alle Schreibprogramme diese Möglichkeiten und haben eine Rechtschreib-, Grammatik- und Stilhilfe integriert. Da diese Funktionen in der Regel viel schneller eingesetzt werden können und noch dazu miteinander vernetzt sind, kann es durch den Einsatz von Computern nicht nur zu einer Ersetzung der traditionellen Medien kommen, sondern zu ihrer Erweiterung. Eine stärkere Vernetzung in kognitiver Hinsicht ist somit möglich.

Vom Informationsträger zur Informationsverarbeitung

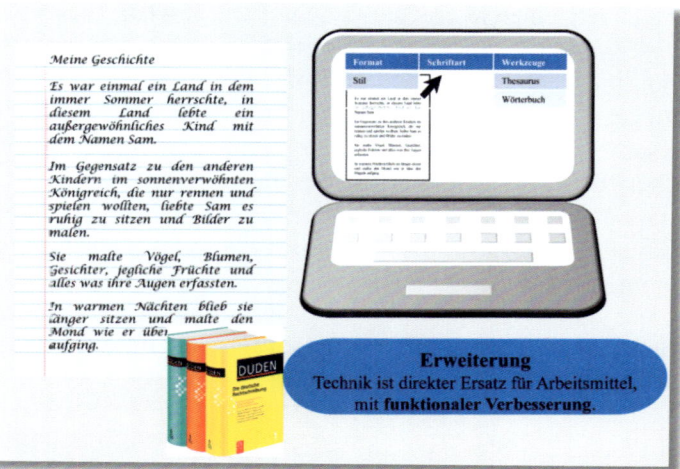

Quelle: vgl. Common Sense 2017

Aber auch auf dieser Ebene der Erweiterung ist ein Hinweis wichtig, da sich erneut negative Effekte im Vergleich zu traditionellen Medien einschleichen können. Er hängt mit den Möglichkeiten des Programmierens der Software zusammen – wir alle kennen das Gefühl, wenn der Computer mal nicht so läuft und dass man es anders schneller hinbekommen hätte: Häufig optisch und akustisch überfrachtet, durch ein Blinken hier und Ploppen dort, führen so manche Programme zu einem „cognitive overload" (vgl. Chandler & Sweller, 1991) und insofern zu einer Überlastung des Arbeitsgedächtnisses. Kinder und Jugendliche, die mit diesen Programmen arbeiten, verschwenden nicht selten den Großteil ihrer kognitiven Leistungen damit, die Reize zu sortieren und zu selektieren, aber ohne dabei an den Aufgaben zu arbeiten, ohne dabei etwas zu lernen. Zu viele Möglichkeiten können also das Arbeitsgedächtnis unnötig belasten. Digitalisierung kann Lernen verhindern.

Die Ebene der Änderung: Modification

Zu einer Änderung der Aufgabe mithilfe einer Digitalisierung kann es im genannten Beispiel dann kommen, wenn Lernende nicht nur die

Vom Informationsträger zur Informationsverarbeitung

Aufgabe haben, eine Geschichte zu schreiben, sondern diese im Team schreiben müssen. Mit Papier und Bleistift ist dies nur schwer möglich: Man muss zur selben Zeit am selben Ort sein. Und selbst dann kann nur einer schreiben. Neue Medien eröffnen die Möglichkeit, dass von verschiedenen Orten und zu unterschiedlichen Zeiten an ein- und demselben Text gearbeitet wird. Jeder im Team ist dazu in der Lage, jeder kann die Änderungen nachvollziehen, aufgreifen oder verwerfen und jeder kann einen Kommentar dazu verfassen. All das geht, das sei hier betont, auch ohne Digitalisierung. Aber schneller und einfacher geht es mit einer Digitalisierung. Insofern ist in erster Linie eine stärkere Vernetzung im Hinblick auf eine Kommunikation die Folge.

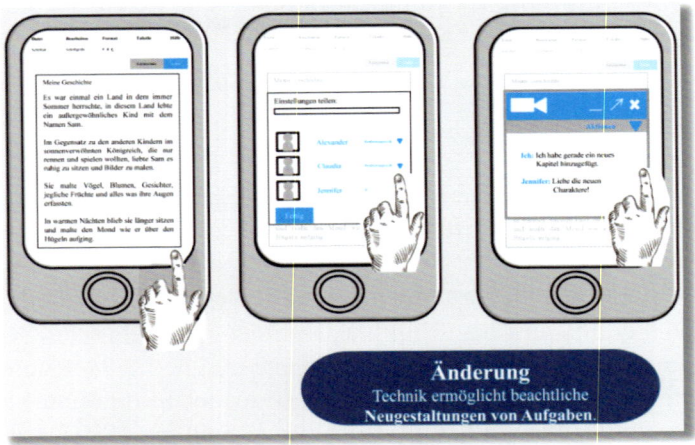

Quelle: vgl. Common Sense 2017

Die Ebene der Neubelegung: Redefinition

Führt man die Ebene der Änderung im vorhin genannten Beispiel weiter, so ist denkbar, dass das Team nicht nur die Aufgabe zu bewältigen hat, eine Geschichte zu schreiben, sondern auch ein Drehbuch, in dem jeder eine Rolle zu übernehmen hat, und dieses Drehbuch dann auch in Form eines Videos umgesetzt werden soll. Diese Neubelegung der Aufgabe hat zunächst eine stärkere kognitive Vernetzung zur Folge, geht es jetzt ja nicht mehr nur um das Schreiben einer Geschichte, sondern um das Erstellen eines Films. Dieser könnte im Weiteren mittels Digitalisierung geschnitten und eine Kommunikationsplattform eingespeist werden, die einen Austausch jenseits des unmittelbaren Zugangsbereiches ermöglicht. Zu denken ist beispielsweise an eine Austauschklasse in einem anderen Land, die unmittelbar reagieren, ja sogar ergänzen kann. Folglich würde diese Neubelegung dank einer Digitalisierung auch eine stärkere soziale Vernetzung nach sich ziehen und insofern ein Lernen 4.0 verdeutlichen. Spätestens diese Konstellation vermag zu zeigen, dass dieser Mehrwert einer Digitalisierung mit traditionellen Medien nicht oder wenn, dann nur unter großem Aufwand und zeitlichem Verlust realisierbar ist.

Quelle: vgl. Common Sense 2017

Auch für die Ebenen der Änderung und Neubelegung ist ein wichtiger Hinweis nötig. Denn erneut kann eine falsch verstandene und falsch gelenkte Digitalisierung wenn vielleicht nicht zwangsläufig zu negativen, aber doch zu unnötig geringeren Effekten führen: Die auf diesen Ebenen beschriebene soziale Vernetzung ist nur solange ein Mehrwert, solange sie nicht als Ersatz für traditionelle Kommunikations-

und Kooperationsformen fungiert. Wenn also beispielsweise der Austausch über Onlineforen anstelle einer ebenso möglichen persönlichen Kommunikation steht, dann verspielt Digitalisierung ihre Möglichkeiten. Sie fällt sogar von der zunächst möglichen Ebene der Neubelegung auf die Ebene der Ersetzung zurück, was nicht nur einen positiven Effekt verpuffen lässt, sondern sogar ins Negative umkehren kann. Dabei erscheint es selbstverständlich: Nichts kann ein Gespräch mit all seiner Unmittelbarkeit und Direktheit ersetzen. Erinnert sei an Platon, der immer wieder darauf hingewiesen hat, dass der Dialog zwischen Menschen die bestmögliche Art und Weise ist, miteinander ins Gespräch zu kommen.

Das iPAC-Modell

Viele Theorien, die zur Erklärung und zum Verständnis des digitalen Lernens verwendet werden, wurden nicht speziell für mobile Technologien entwickelt. Aus diesem Grund hat sich eine Gruppe von Forschenden und Lehrenden von der University of Hull, Großbritannien, und der University of Technology, Sydney, Australien, das Ziel gesetzt, die besonderen Möglichkeiten digitaler Medien zu untersuchen. 2012 veröffentlichen Matthew Kearney, Sandra Schuck, Kevin Burden und Peter Aubusson erstmals die Kerngedanken des iPAC-Modells. Sie bestehen aus drei Grundprinzipien: „Personalization" (Personalisierung), „Authenticity" (Authentizität) und „Collaboration" (Zusammenarbeit). Die folgende Abbildung veranschaulicht diese Idee (vgl. Kearney, Schuck, Burden & Aubusson, 2012; Mobilelearning Toolkit, 2018):

Vom Informationsträger zur Informationsverarbeitung

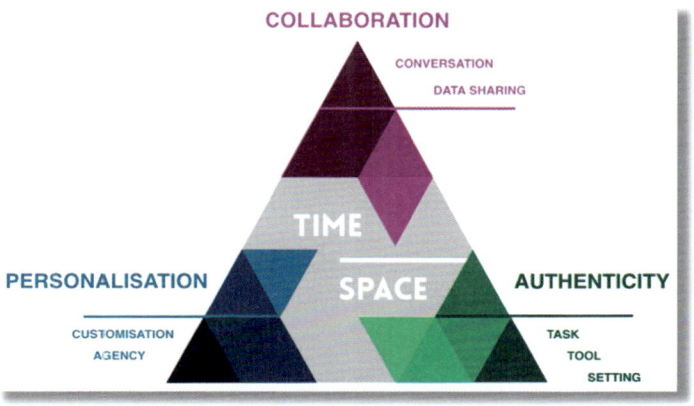

Quelle: http://www.mobilelearningtoolkit.com/ipac-framework.html

Bevor das iPAC-Modell im Folgenden erläutert wird, ein einleitender Hinweis: Es ist aus meiner Sicht bemerkenswert, dass sich die Rezeption dieses Modells fast ausnahmslos auf die drei genannten Grundprinzipien konzentriert, ohne das verbindende Zentrum zu thematisieren. Auf diese Weise geht Letzteres in der Diskussion sogar häufig verloren: Raum und Zeit. Diese beiden Daseinskategorien charakterisieren das herkömmliche Lernen wie kaum ein anderer Aspekt (vgl. Kearney, Schuck, Burden & Aubusson, 2012): Erstens zeichnen sich herkömmliche Lernorte durch feste, physische Räume aus, die durch relativ undurchlässige Grenzobjekte wie Wände, Klassenzimmer und Schulgebäude definiert sind. Zweitens befindet sich herkömmliches Lernen in starren Zeitfenstern, wie z. B. relativ unveränderlichen Unterrichtszeiten und Stundenplänen. Aber digitales Lernen hat das Potenzial, diese räumlichen und zeitlichen Einschränkungen zu überwinden: Räumlich gesehen ist digitales Lernen nicht determiniert und bietet eine Vielzahl von Alternativen (einschließlich virtueller oder nichtgeografischer Räume). Zeitlich gesehen erfordert digitales Lernen keine festen, geplanten Zeiträume (die die aktuelle Schulbildung charakterisieren) und es ermöglicht dem Einzelnen, flexibel darin zu sein, wann er lernt. Die Verbindung von Raum und Zeit ist zweifellos ein Alleinstellungsmerkmal und vielleicht sogar der größte Vorteil des digitalen Lernens. Das iPAC-Modell stellt diesen Aspekt ins Zentrum – daher lohnt es sich, ihn besonders zu erwähnen.

In den folgenden Abschnitten werde ich auf die drei Grundprinzipien näher eingehen und dabei die Aufgabe der Erstellung eines E-Books als Beispiel nehmen. Der Grund für die Wahl dieses Beispiels ist, dass es sich um eine gewöhnliche, vielleicht sogar alltägliche Unterrichtsaufgabe handelt, die in der eigenen Muttersprache oder in einer Fremdsprache durchgeführt werden kann. Da die drei Grundprinzipien in sieben operative Subkategorien gegliedert sind, werden sie ebenfalls näher beschrieben (vgl. Mobilelearning Toolkit, 2018). Zu diesem Zweck werden die Subkategorien mit dichotomen Eigenschaften umschrieben, jeweils von schwach bis stark ausgeprägt reichend. So kann ein Kontinuum für die Art und Weise des Einsatzes digitaler Medien aufgezeigt werden. Diese Subkategorien sind wichtig, um das iPAC-Modell als Planungs- und Evaluationsinstrument verstehen und anwenden zu können.

Mein Kernanliegen ist es, zu verdeutlichen, dass das iPAC-Modell hilfreich ist, um ein Lernen 4.0 sichtbar zu machen – und insofern ist es auch hilfreich, um zu zeigen, dass nicht jedes digitale Lernen per se effektiv ist.

Das Grundprinzip der Personalisierung: Personalization

Das Grundprinzip „Personalization" wird weithin als ein wesentlicher Vorteil des digitalen Lernens anerkannt. Es geht darum, Lernprozesse zu individualisieren und selbst zu regulieren. In gut konzipierten digitalen Lernaktivitäten, so die Annahme, haben Lernende mehr Kontrolle über den Ort (physisch oder virtuell), das Tempo und die Zeit, wodurch das Autonomieerleben beim Lernen erhöht werden kann. Ziele werden in der Regel von den Lernenden festgelegt. Darüber hinaus kann die Lernerfahrung auf den einzelnen Lernenden zugeschnitten werden. Dies kann sowohl auf der Ebene der Hilfsmittel als auch auf der Ebene der Aktivität erfolgen. Infolgedessen gibt es zwei Subkategorien: „Agency" (Handlungsfähigkeit) und „Customization" (Passung). Sie reichen von schwach „external" bis stark „internal"

("Agency") und von schwach „allgemeingültig" bis stark „individualisiert" („Customization").

Quelle: http://www.mobilelearningtoolkit.com/ipac-framework.html

Das Grundprinzip der Authentizität: Authenticity

Es ist empirisch mehrfach abgesichert, dass authentische Aufgaben dem Lernenden reale Weltrelevanz und persönliche Bedeutung verleihen. Digitale Medien können, so die Annahme, authentisches Lernen durch die Umgebung, die Aufgabe und die Hilfsmittel unterstützen. In der digitalen Welt können die Lernumgebungen gestellt oder real sein und je nachdem unterschiedlich authentisch sein. Die Aufgabenauthentizität bezieht sich auf das Ausmaß, in dem Aufgaben realistisch und somit von tatsächlicher Bedeutung sind. Die Authentizität der Hilfsmittel bezieht sich auf die Anwendungen und Instrumente, die von den Lernenden verwendet werden: Werden sie außerhalb der Schule auch so verwendet? Daraus ergeben sich drei Subkategorien: „Task" (Aufgabe), „Tool" (Hilfsmittel) und „Setting" (Lernumgebung). Sie reichen von schwach „dekontextualisiert" bis stark „realistisch" („Task"), von schwach „künstlich" bis stark „fachmännisch" („Tool") und von schwach „erfunden" bis stark „realistisch" („Setting").

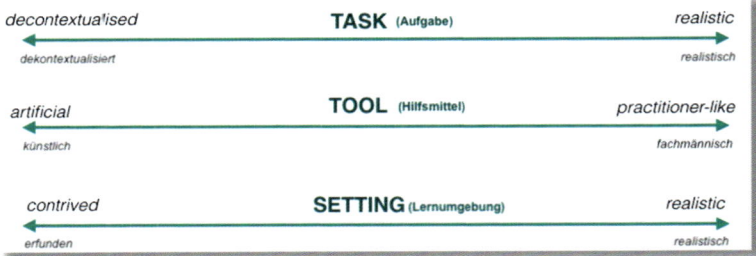

Quelle: http://www.mobilelearningtoolkit.com/ipac-framework.html

Das Grundprinzip der Zusammenarbeit: Collaboration

Digitales Lernen, so die Annahme, kann den Schülerinnen und Schülern ein hohes Maß an Zusammenarbeit ermöglichen, indem es die Menschen und ihre Ideen, die durch ein digitales Gerät vermittelt werden, miteinander verbindet. Die Netzwerkfähigkeit digitaler Geräte kann gemeinsame, soziale und interaktive Umgebungen schaffen, in denen die Lernenden multimodal mit ihren Peers, ihren Lehrpersonen und anderen Expertinnen und Experten zusammenarbeiten. Lernende konsumieren, produzieren und tauschen eine Reihe von Inhalten und Informationen über Zeit und Raum hinweg aus. Infolgedessen gibt es zwei Subkategorien: „Conversation" (soziale Interaktion) und „Data Sharing" (Informationsaustausch). Sie reichen von schwach „isoliert" bis stark „vernetzt" („Conversation") und von schwach „konsumierend" bis stark „produzierend" („Data Sharing").

Quelle: http://www.mobilelearningtoolkit.com/ipac-framework.html

Dies sind die drei Grundprinzipien und die sieben Subkategorien des iPAC-Modells, die in dichotomen Eigenschaften von schwach bis stark dargestellt werden. Je höher die Einschätzungen entlang der Subkategorien folglich sind, desto sinnvoller zeigt sich der Einsatz digitaler Medien und desto wirksamer können die Möglichkeiten eines digitalen Lernens sein. Das iPAC-Modell ist somit durch seinen Aufbau hilfreich, um ein Lernen 4.0 sichtbar zu machen und zu zeigen, dass nicht jedes digitale Lernen sinnvoll, geschweige denn effektiv ist.

Ein Beispiel: Lernende erstellen ein E-Book

In einem MTTE-Onlinekurs (Mobilising and Transforming Teacher Education Pedagogies) wird folgendes Beispiel gegeben (vgl. Mobilelearning Toolkit, 2018): Am Metis-Gymnasium in Bergen, Norwegen, erstellten 19jährige Schülerinnen ein E-Book zum Roman „The Great Gatsby". Ausgangspunkt war ein Projekt in der Englischklasse des vorausgegangenen Schuljahres. Zuerst lasen die Lernenden den Roman, um dann in Gruppen Aufgaben bearbeiten zu können. Im Anschluss daran arbeiteten die Lernenden mit Lehrpersonen zusammen, die sich auf Englisch an der University of Hull, Großbritannien, spezialisierten. Und zu guter Letzt studierten die Schülerinnen und Schüler einen ganzen Tag lang mit professionellen Schauspielerinnen und Schauspielern im West Yorkshire Playhouse in Leeds, Großbritannien, Teile des Romans ein. Basierend auf all diesen Erfahrungen haben die Lernenden ihr E-Book erstellt und die einzelnen Teile zusammengeführt. Die Schülerinnen sind: Emma Lovise Fauskanger, Julie Tveit Pettersen und Jenny Aase Bjørsvik.

Quelle: https://sites.google.com/site/mttepcourse/home/3student-created-E-Books/3-2-what-examples-are-there/5a-3-1-anbjoerg

Dieses Beispiel zeigt die Möglichkeiten des digitalen Lernens und die Auswirkungen auf die Grundprinzipien des iPAC-Modells: Die digitale Lernumgebung ist internal und individualisiert („Personalization"), realistisch und fachmännisch („Authenticity") sowie vernetzt und produktiv („Collaboration").

Vor dem Hintergrund dieses und ähnlicher Beispiele haben Matthew Kearney, Sandra Schuck, Kevin Burden und Peter Aubusson im Jahr 2012 auf folgende Richtlinie für das iPAC-Modell hingewiesen: Die dichotomen Eigenschaften entlang der Subkategorien ermöglichen es Lehrpersonen, das iPAC-Modell als Bewertungsinstrument zu nutzen. Beispielsweise lassen sich jeweils Punkte (1=schwach ausgeprägt; 2=mittel ausgeprägt; 3=stark ausgeprägt) vergeben und somit sichtbar machen, wie aus Sicht der Lehrperson der Einsatz digitaler Medien gedacht ist. Auf diese Weise kann das iPAC-Modell für eine Vielzahl von verschiedenen Zwecken verwendet werden, darunter:

1. Charakterisierung des derzeitigen Einsatzes digitaler Medien in einer bestimmten Unterrichtsstunde, z. B. nach einer Unterrichtsstunde, in der die Lernenden aufgefordert wurden, einen Teil der Aufgaben oder alle Aufgaben mit ihrem digitalen Gerät zu bearbeiten.
2. Messung und Bewertung, wie sich der Unterricht im Lauf der Zeit verändert hat, z. B. vom Anfänger in der Anwendung digitaler Medien im Vergleich zum Experten.
3. Strukturierung einer reflektierenden Tätigkeit, wie z. B. eines Gesprächs mit einer angehenden Lehrperson über eine Unterrichtsstunde, in der digitale Medien verwendet wurden.
4. Planung einer spezifischen pädagogischen Aktivität unter Verwendung digitaler Medien, z. B. die Gestaltung einer Unterrichtsstunde, in der Lernende ihr digitales Gerät als Werkzeug wie Expertinnen und Experten verwenden.

Anhand von drei weiteren Beispielen möchte ich diese Gedanken veranschaulichen und weiter spezifizieren (vgl. Kearney, Schuck, Burden & Aubusson, 2012):

a) Nutzung von Twitter auf einer Konferenz: Die Teilnehmenden nutzen Twitter auf einer Konferenz. Während oder unmittelbar der Hauptvorträge twittern die Teilnehmenden kurze Kommentare und Fragen als Reaktion auf den Vortrag. Die wichtigsten Tweeds werden während des Vortrages oder gleich im Anschluss aufgegriffen.
b) Die Lernenden verwenden auf ihren mobilen Geräten eine Augmented-Reality-Anwendung, die auf den Standort eines Benutzers im Ausstellungsbereich einer Kunstgalerie reagiert. Die erweiterte Ansicht der Lernenden besteht aus virtuellen Informationen, die über das „reale" Objekt gelegt werden können.

Vom Informationsträger zur Informationsverarbeitung

c) Teile der Vorlesung werden von der Lehrperson aufgenommen und als Podcasts in ein digitales Lernmanagementsystem hochgeladen. Lernende können sich diese Podcasts nochmals anhören und Fragen, die beim Wiederholen entstanden sind, in ein anonymes Frage-Antwort-Tool schreiben.

Unternimmt man den Versuch, diese Beispiele mithilfe des iPAC-Modells zu bewerten und verteilt Punkte im eben explizierten Sinn, so lässt sich beispielsweise folgende Übersicht erstellen:

	Nutzung von Twitter auf einer Konferenz	Augmented-Reality in einer Kunstausstellung	Podcasts zur Vorlesung
PERSONALIZATION (Personalisierung)			
Agency (Handlungsfähigkeit)	schwach	schwach	schwach
Customisation (Passung)	mittel	mittel	schwach
AUTHENTICITY (Authentizität)			
Task (Aufgabe)	stark	mittel	schwach
Tool (Hilfsmittel)	stark	mittel	schwach
Setting (Lernumgebung)	stark	mittel	schwach
COLLABORATION (Zusammenarbeit)			
Conversation (Soziale Interaktion)	stark	schwach	schwach
Data sharing (Informationsaustausch)	stark	schwach	mittel

Vor dem Hintergrund des iPAC-Modells werden gut gestaltete digitale Lernumgebungen als internal und individualisiert („Personalization"), realistisch und fachmännisch („Authenticity") sowie vernetzt und produktiv („Collaboration") charakterisiert. Und somit zeigt sich:

Vom Informationsträger zur Informationsverarbeitung

Erfolgreiche Digitalisierung ist kein Automatismus. Denn schlecht gestaltete digitale Lernumgebungen sind ebenfalls möglich und werden als external und allgemeingültig („Personalization"), dekontextualisiert, künstlich und erfunden („Authenticity") sowie isoliert und konsumierend („Collaboration") charakterisiert. Der entscheidende Aspekt ist daher erneut: die Professionalität der Lehrperson.

Angesichts dieser Zusammenhänge und Empfehlungen der Erfinder des iPAC-Modells erscheint es sinnvoll, die Frage nach der Evidenz zu integrieren. Denn bei aller Selbsteinschätzungskraft von Lehrpersonen, letztlich muss sich diese immer an der Realität bewähren und damit am Lernerfolg von Schülerinnen und Schülern. Auch wenn diese Ideen im Rahmen des iPAC-Modells nur bedingt umsetzbar sind, lohnt sich ihre Integration. Denn sie stellen den entscheidenden Schritt von der Theorie in die Praxis dar:

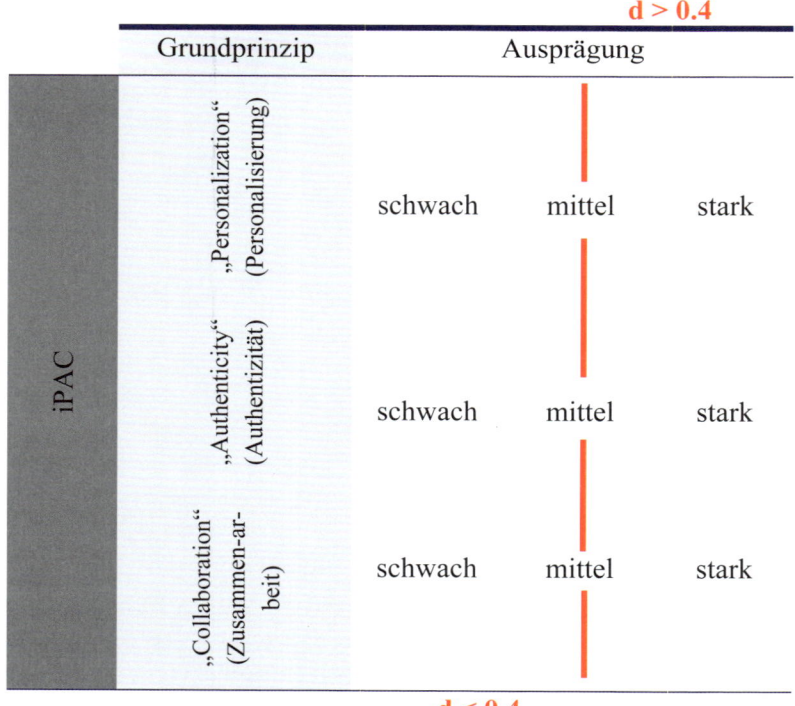

Vorsicht ist geboten, hohe Bewertungen im iPAC-Modell als Garantie für Lernerfolg zu sehen. Sie können zwar darauf hinweisen, dass die didaktische Gestaltung der digitalen Lernsituation auf hohem Niveau stattgefunden hat. Dies garantiert jedoch keinen Lernerfolg. Und schließlich sei auch darauf hingewiesen, dass traditionelle Medien im iPAC-Modell hohe Werte erzielen können. Lernen 4.0 ist daher nicht für digitale Medien reserviert.

Das SAMR-Modell und das iPAC-Modell verbinden: Ein integratives Modell

Bevor man versucht, das SAMR-Modell und das iPAC-Modell zu kombinieren, erscheint es hilfreich, die Vorteile auf beiden Seiten zu erfassen:

Die Vorteile des SAMR-Modells sind:

- Auf den ersten Blick erscheint das SAMR-Modell mit seinen vier Ebenen viel klarer als das iPAC-Framework mit seinen drei Hauptkategorien und sieben Unterkategorien.
- Im SAMR-Modell sind die Schichten abstrakter, können aber anhand von Beispielen konkretisiert werden. Die Erklärung jeder Stufe mit der gleichen Arbeitsaufgabe für die Lernenden macht die Bedeutung der einzelnen Stufen schnell greifbar.
- Das SAMR-Modell unterstreicht deutlich die Vorteile digitaler Medien auf den ersten beiden Ebenen. Damit ist das SAMR-Modell ein wichtiges Werkzeug, insbesondere im Hinblick auf die Formulierung von Aufgaben.
- Das SAMR-Modell hilft, die Arbeit mit digitalen Medien klar von der Arbeit mit traditionellen Medien zu unterscheiden.

Die Vorteile des iPAC-Modells sind:

- Ein genauerer Blick auf die Unterkategorien zeigt, dass es sich hierbei um eine Checkliste für die Lehrperson handelt. Diese kann bei der Planung, der Durchführung und der Bewertung von Lernprozessen mit digitalen Medien verwendet werden.

- Das iPAC-Modell hat auf der Ebene der Subkategorien durch seine dichotome Aufteilung eine klare Charakterisierung digitaler Medien.
- Konkrete Vorschläge für Programme oder Unterrichtsideen sind besonders wichtig für Lehrpersonen, die bisher digitale Medien im Unterricht wie traditionelle Medien genutzt haben. Mithilfe des i-PAC-Modells lassen sich diese Vorschläge generieren.

Vergleicht man vor diesem Hintergrund das SAMR-Modell mit dem iPAC-Modell, so findet man in beiden Modellen die individuelle, differenzierte, kooperative und produktorientierte Arbeit an realistischen Aufgaben. Im iPAC-Modell sind die unter Authentizität und Personalisierung genannten Punkte Unterrichtsprinzipien, die auch bei der Nutzung traditioneller Medien zu beachten sind. Informations- und Datenaustausch ist aber etwas, was in besonderer Weise mit digitalen Medien erreicht werden kann. Das SAMR-Modell betont ebenfalls die Kommunikation und Zusammenarbeit über Zeit- und Raumgrenzen hinweg. Diese Elemente sind daher entscheidend für die Vorteile der digitalen Medien in beiden Modellen. Sie kennzeichnen ein Lernen 4.0, wie es weiter oben erläutert wurde. Dieses ist bestimmt durch ein hohes Maß an kognitiver und sozialer Vernetzung.

Der Unterschied zwischen den beiden Arbeitsmodellen besteht in der Rangfolge im SAMR-Modell im Vergleich zur dichotomen Struktur im iPAC-Modell. Dabei ist zu betonen und erwähnenswert, dass die Enden der dichtomen Struktur der Subkategorien nicht gegeneinander aufgewogen werden können. Insofern lassen sie sich nicht kompensieren. Während sich das SAMR-Modell auf die möglichen Effekte im Vergleich zu traditionellen Medien konzentriert, listet das iPAC-Modell schwache und starke Eigenschaften bei der Nutzung digitaler Medien auf. Die Frage nach Effektstärken und nach einer Evidenz wird im iPAC-Modell nicht explizit diskutiert, kann aber integriert werden.

Auch die Abstraktionsebene der Modelle ist unterschiedlich. Während das SAMR-Modell eher eine allgemeine Leitlinie ist, die durch Beispiele gestützt wird, hat das iPAC-Modell konkrete Punkte, an denen sich eine Lehrperson orientieren kann.

Vom Informationsträger zur Informationsverarbeitung

Insgesamt haben das SAMR-Modell und das iPAC-Modell unterschiedliche Grundlagen, verfolgen aber dennoch ein gemeinsames Ziel: Lernen 4.0. Beide helfen bei der Beantwortung der Frage: Inwiefern unterscheiden sich schlecht gestaltete digitale Lernumgebungen von gut gestalteten digitalen Lernumgebungen?

Die folgende Kombinatorik aus SAMR-Modell und iPAC-Modell - eine Art integratives und evidenzbasiertes Arbeitsmodell zur Gestaltung digitaler Lernumgebung - soll das Gesagte veranschaulichen:

		SAMR			
		Substitution	Augmentation	Modification	Redefinition
iPAC	Personalization (Agency & Customisation)	schwach	schwach bis mittel	mittel bis stark	stark
	Autenthicity (Task, Tool & Setting)	schwach	schwach bis mittel	mittel bis stark	stark
	Collaboration (Conversation & Data sharing)	schwach	schwach bis mittel	mittel bis stark	stark

Der Einsatz digitaler Medien auf der Substitutionsebene erzeugt daher digitale Lernumgebungen, die eher external und allgemeingültig

("Personalization"), dekontextualisiert, künstlich und konstruiert ("Authenticity") sowie isoliert und konsumierend ("Collaboration") sind und somit geringe Werte in den Grundprinzipien des iPAC-Modells und ihren sieben Subkategorien aufweisen. Im Gegensatz dazu führt der Einsatz digitaler Medien auf der Ebene des Redefinitino zu digitalen Lernumgebungen, die eher internal und individualisiert ("Personalization"), realistisch und fachmännisch ("Authenticity") sowie vernetzt und produktiv ("Collaboration") sind und damit hohe Werte in den Grundprinzipien des iPAC-Frameworks und ihren sieben Subkategorien aufweisen.

Wenn diese Gedanken zusammengeführt und auf Lernen 4.0 übertragen werden, dann zeigt sich: Sowohl das SAMR-Modell als auch das iPAC-Modell konzentrieren sich auf ein Lernen, das zu einer starken sozialen und kognitiven Vernetzung führt. Die oberen Ebenen des SAMR-Modells machen dies ebenso deutlich wie die möglichen hohen Punktbewertungen der sieben Subkategorien im iPAC-Modell. Lernen 4.0 findet daher in diesem Bereich, auf diese Art und Weise statt.

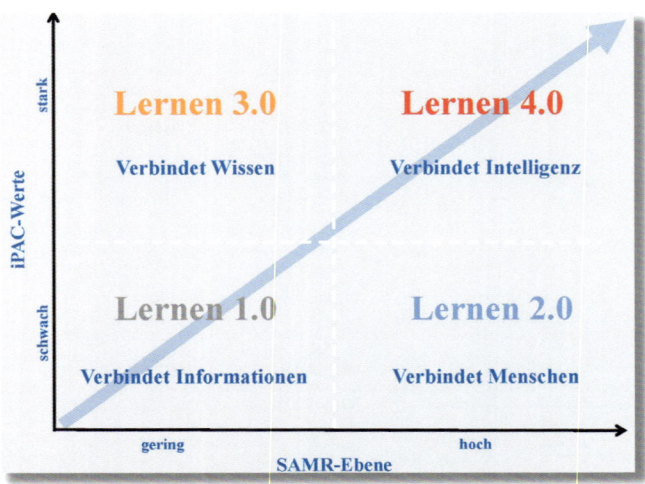

Es wurde bereits mehrfach darauf hingewiesen, dass dieses Lernen 4.0, als ein hohes Maß an sozialer und kognitiver Vernetzung, nicht von digitalen Medien reserviert ist. Vielmehr sind auch

Vom Informationsträger zur Informationsverarbeitung

Lernsituationen mit traditionellen Medien dazu in der Lage. Aber, und das sollte angesichts der zahlreichen Diskussionen über die Vorteile der Digitalisierung ein entscheidender Aspekt sein: Nur digitale Medien sind in der Lage, soziale und kognitive Vernetzung nahezu unabhängig von Zeit und Raum zu ermöglichen.

Schlussfolgerung: Die Frage nach dem Warum

Die angestellten Überlegungen weisen auf einen Aspekt hin, der über Möglichkeiten und Grenzen einer Digitalisierung im Bildungsbereich entscheidet: Welche Ziele werden mit einem digitalen Lernen verfolgt? Mit dieser Frage tritt das Warum nicht nur neben das Wie, sondern wird ins Zentrum der Betrachtung gerückt. Diese Fokussierung ist wichtig, wird sie doch häufig aus den Augen verloren, wie bildungspolitische Debatten immer wieder zeigen: Man streitet über das Was und das Wie, ohne die Frage nach dem Warum geklärt zu haben.

Was wissen wir aus der empirischen Bildungsforschung zur Zieldimension des Unterrichts und welche Schlussfolgerungen lassen sich daraus für eine Digitalisierung im Bildungsbereich ziehen? Erneut erweist sich ein Blick in „Visible Learning" als hilfreich (vgl. zum Folgenden Hattie & Zierer, 2017):

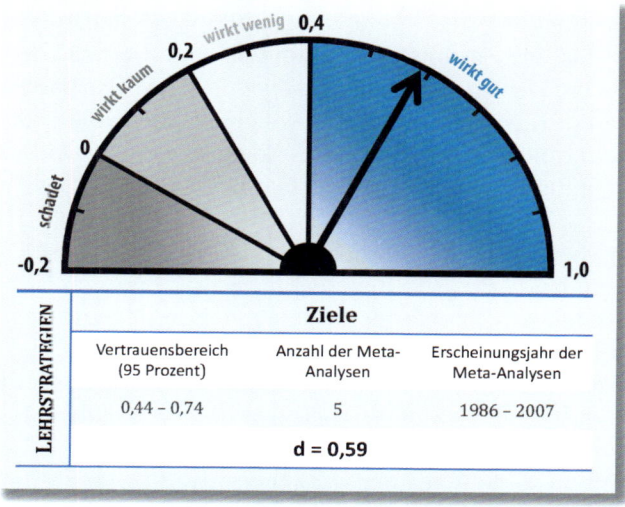

In „Visible Learning" erreicht der Faktor „Ziele" eine Effektstärke von 0,59. Er steht in unmittelbarer Beziehung zu einer Reihe von anderen Faktoren. Allen voran ist der Faktor „Erkenntnisstufen" zu nennen, für den eine Effektstärke von 1,28 errechnet und damit nachgewiesen wird, dass Lernprozesse umso erfolgreicher sind, je besser es gelingt, das Vorwissen und die Vorerfahrungen der Lernenden aufzugreifen und als Grundlage für den Unterricht zu nehmen. Insofern sind Ziele auf unterschiedlichen Niveaus zu definieren, worauf weiter unten noch näher eingegangen wird. Wichtig in diesem Zusammenhang ist außerdem, dass mit diesen Zielen nicht die Ziele gemeint sind, die in Lehrplänen zu finden sind. Diese sind nämlich viel zu weit weg von den Lernenden und der konkreten Unterrichtssituation, als dass sie all das, was von guten Zielen erwartet werden muss, erfüllen können. Vor allem die Überlegungen von Robert F. Mager geben Hinweise, was unter guten Zielen zu verstehen ist. Dieser definiert folgende drei Kriterien (vgl. Hattie & Zierer, 2017):

1. Es müssen beobachtbare Verhaltensweisen der Lernenden beschrieben werden, die diese nach Ablauf des Unterrichts beherrschen sollen (z. B. aufschreiben, berechnen, ablesen).
2. Es müssen die Bedingungen genannt werden, unter denen das Verhalten der Lernenden kontrolliert werden soll (z. B. die zugestandene Bearbeitungszeit, die erlaubten oder verbotenen Hilfsmittel, die zugelassene Zusammenarbeit mit anderen Lernenden).
3. Es muss ein Bewertungsmaßstab angegeben werden, nach dem entschieden werden kann, ob und in welchem Ausmaß die Lernenden das Ziel erreicht haben (z. B. die Angabe, wie viel Aufgaben aus der Gesamtmenge richtig gelöst sein müssen).

Damit wird auch deutlich, warum die in pädagogischen Kontexten so häufig zu findende Botschaft „Gib dein Bestes!" für den Lernprozess wenig hilfreich ist. Sie ist viel zu vage, viel zu ungenau und viel zu beliebig, um eine detaillierte und eindringliche Analyse zuzulassen. Wenn beispielsweise ein Läufer sich vornimmt, bei seiner 10-Kilometer-Strecke das Beste zu geben, wie soll er seinen Lauf dann bewerten? Besser wird es sein, wenn er sich eine konkrete Zeit als Ziel setzt und versucht, diese zu erreichen – beispielsweise die zehn Kilometer in weniger als 60 Minuten zu laufen. Infolgedessen zeigt sich auch bei diesem Faktor: Es geht um die Herausforderung, die Schülerinnen und Schüler brauchen, um erfolgreich zu lernen. Und damit ist einer der entscheidenden Punkte von erfolgreichen Zielen angesprochen: Es reicht nicht aus, wenn Lehrpersonen sich Klarheit über die Ziele des Unterrichts verschafft haben. So wichtig diese ist, sie ist nur der erste Schritt. Der zweite Schritt liegt darin, dass diese Klarheit auch auf Seiten der Lernenden besteht und in diesem Sinn sowohl ein Einvernehmen über das weitere Vorgehen erzielt wird als auch die Erfolgskriterien für das Lernen sichtbar gemacht werden.

Für beide Schritte ist die bereits angesprochene Schlussfolgerung zentral, Ziele auf unterschiedlichen Niveaus zu definieren. Denn letztendlich sind sie es, die auf Seiten der Lehrperson für Klarheit sorgen und auf Seiten der Lernenden für Transparenz im Lernprozess. Blickt man hierzu in die Literatur, so stellt man fest, dass es eine Reihe von unterschiedlichen Vorschlägen und Verfahren gibt. Zu den bekanntesten zählen das SOLO-Modell („Structure of observed learning outcomes") von John Biggs und Kevin Collins (1992), die DOK-Level („Depth of knowledge") von Norman L. Webb (1997) sowie im deutschsprachigen Raum die Lernzieltaxonomie des Deutschen Bildungsrates (1970) und die verschiedenen Anforderungsniveaus, meist I – VI, infolge einer Kompetenzorientierung (vgl. Prenzel et al., 2014). Sie alle gehen zurück auf die Lernzieltaxonomie von Benjamin Bloom (1956), der als einer der ersten einen entsprechenden Versuch vorgelegt hat. Eine Gegenüberstellung dieser Ansätze zeigt, dass die Gemeinsamkeiten größer sind als die Unterschiede:

Vom Informationsträger zur Informationsverarbeitung

	SOLO-Modell	DOK-Level	Lernzieltaxonomie des Deutschen Bildungsrates	Lernzieltaxonomie Bloom	Kompetenzorientierung
Oberflächen-verständnis	uni-strukturell	Recall & Reproduction	Reproduktion	Remember	Anforderungsniveau I
	multi-strukturell	Skills & Concepts	Reorganisation	Understand	Anforderungsniveau II
				Apply	Anforderungsniveau III
Tiefen-verständnis	relational	Strategic Thinking & Reasoning	Transfer	Analyse	Anforderungsniveau IV
				Evaluate	Anforderungsniveau V
	erweitert abstrakt	Extended Thinking	Problemlösen	Create	Anforderungsniveau VI

Auffallend ist beispielsweise die Übereinstimmung im Hinblick auf ein Oberflächen- und Tiefenverständnis. Aus didaktischer Sicht ist diesbezüglich darauf hinzuweisen, dass eine Ebene nicht besser ist als die andere. Vielmehr baut die eine auf die andere auf und ist somit Grundlage für die andere. Des Weiteren besteht in der Literatur Konsens, dass es für erfolgreichen Unterricht immer besser ist, irgendeine Lernzieltaxonomie im Kopf zu haben, als gar keine.

Angesichts der dargelegten Bedeutung von Zielen und Lernzieltaxonomien drängt sich die Verbindung zum SAMR-Modell auf. Infolgedessen überrascht es nicht, dass Vorschläge diskutiert werden, wie die Frage nach dem Warum mit der Frage nach dem Wie im Kontext einer Digitalisierung im Bildungsbereich verbunden werden können. Leider scheitern viele dieser Vorschläge an der Annahme, dass die Verbindung zwischen Digitalisierungsebene und Anforderungsniveau die Folge eines logischen Zusammenhanges sei – nach dem Motto: je höher die Digitalisierungsebene, desto höher das Anforderungsniveau. Diese Auffassung findet sich auch im Umkreis der Arbeiten von Ruben C. Puentedura. Pointert und anschaulich wird sie im „Pedagogy Wheel":

Vom Informationsträger zur Informationsverarbeitung

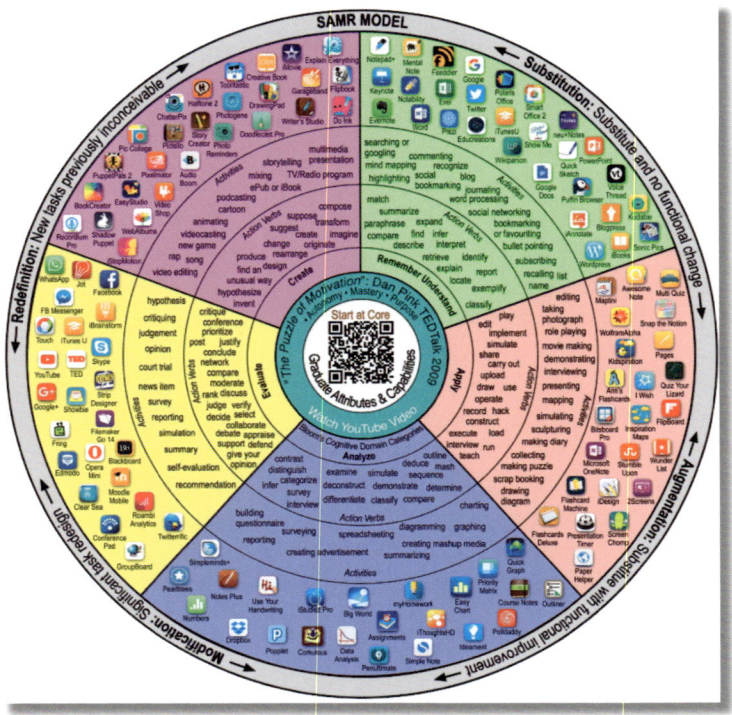

Quelle: https://designingoutcomes.com/assets/Padagogy_Wheel_Translations/Padagogy_Wheel_V4_GER_HD.pdf

Im „Pedagogy Wheel" ist neben den Digitalisierungsebenen „Subsitution", „Augmentation", „Modification" und „Redefinition" auch die Bloomsche Taxonomie angeführt. Zusätzlich ist eine Reihe von Programmen aufgelistet, die in besonderer Art und Weise die Kombination beider Ansätze verdeutlichen kann. Damit legt das „Pedagogy Wheel" die zuvor angesprochene Annahme nahe: Je höher die Digitalisierungsebene, desto höher das Anforderungs-niveau. Und je nachdem welches Programm verwendet wird, wird Oberflächenverständnis oder Tiefenverständnis erzeugt. Bestimmte digitale Lösungen würden demzufolge per se auf ein höheres Anforderungsniveau abzielen, wohingegen andere digitale Lösungen per se nur auf niedrigere Anforderungsniveaus fokussieren.

Vom Informationsträger zur Informationsverarbeitung

Aus didaktischer Sicht ist diese Kombinatorik allerdings nicht korrekt. Es mag durchaus sein, dass sie idealtypisch passend erscheint, aber realistisch ist sie nicht und insofern für die Unterrichtspraxis wenig hilfreich. Drei Erläuterungen sollen das Gesagte untermauern:

Erstens führt kein Medium per se zu einem Lernen. Ob gelernt wird, hängt in erster Linie davon ab, ob die Lernausgangslage von Schülerinnen und Schülern soweit berücksichtigt wurde, dass diese mit den eingesetzten Medien neue Erkenntnisse sich erschließen können. Beispielsweise kann ein digitales Verfahren, das ein hohes Maß an kognitiver und sozialer Vernetzung zulässt und damit Denken auf höchstem Anforderungsniveau unterstützen kann, seine Wirkung verfehlen, wenn es im Lernprozess zu früh eingesetzt wird. Der Faktor „Problembasiertes Lernen" mit einer Effektstärke von 0,33 und ein größerer Vertrauensbereich macht darauf aufmerksam (vgl. Hattie & Zierer, 2017 und 2018): Befinden sich Lernende auf der Ebene des Oberflächen-verständnisses, führt ein skizziertes digitales Lernen zu einer Überforderung und womöglich zu negativen Effekten, während es für Lernende auf der Ebene des Tiefenverständnisses zu weitreichenden und nachhaltigen Lernzuwächsen führen kann.

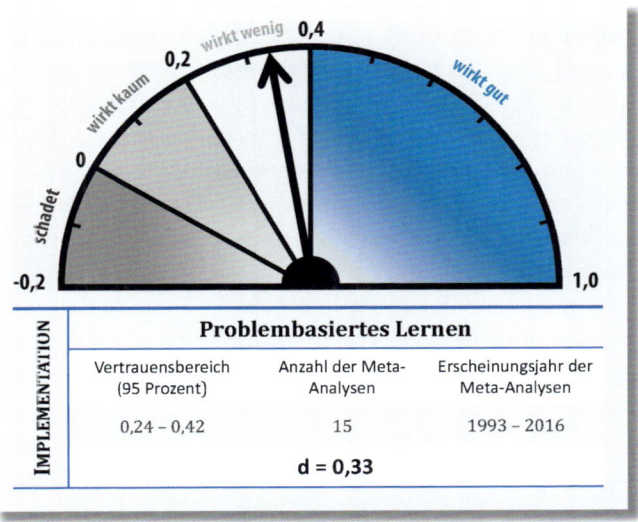

Zweitens führt kein Medium per se zu einem Lernen auf einem bestimmten Anforderungsniveau. Selbst wenn Lernprozesse initiiert sind und wenn Medien der Erschießung von neuen Erkenntnissen dienen, die Frage, ob Lernen auf der Ebene des Oberflächenverständnisses oder auf der Ebene des Tiefen-verständnisses stattfindet, wird nicht vom Medium beantwortet, bestenfalls ermöglicht – oder auch verhindert. Entscheidend dafür ist vielmehr die Zielsetzung im Lernprozess und ihre Umsetzung mithilfe von Inhalts-, Methoden- und eben Medienentscheidungen. Beispielsweise kann das bereits skizzierte digitale Verfahren auch seine Wirkung bei Lernenden auf der Ebene des Tiefenverständnis verfehlen, wenn diese zum wiederholten Mal auf diesem Weg lernen, ohne dass sich die Zielformulierung verändert. Denn dann wird das damit verbundene Lernen nicht mehr als eine Form der Reproduktion und Reorganisation. Mit diesem Gedankengang zeigt sich, dass der weit verbreitete Glaube, eine Digitalisierung im Bildungsbereich revolutioniere per se Lernen, nicht richtig ist und Gefahr läuft, ein Irrglaube zu sein.

Drittens führen nicht nur digitale Verfahren zu einem Lernen auf einem höheren Anspruchsniveau. Der eben angesprochene Glaube suggeriert, dass nur sie in der Lage seien, eine intensive kognitive und soziale Vernetzung herzustellen. Dass dies nicht zwangsläufig der Fall sein muss, wurde eben erläutert. In gleicher Weise ist offensichtlich, dass herkömmliche Medien dies ebenso bewirken können. So reichen oft ein Stück Papier und ein Stift, um Menschen mit ihren Gedanken, Ideen und Visionen zusammenzubringen. Allein der Hinweis auf den Faktor „Kooperatives Lernen" mit einer Effektstärke von 0,40 möge ausreichen, das Gesagte empirisch zu untermauern. Die darunter gefassten Verfahren des Think-Pair-Share, wie zum Beispiel Gruppenpuzzle, Fishbowl und Placemat Activity, können traditionell eingesetzt zu einem hohen Grad an kognitiver und sozialer Vernetzung führen – wenn, ja wenn die Ziele im Vorfeld reflektiert und definiert wurden.

Vom Informationsträger zur Informationsverarbeitung

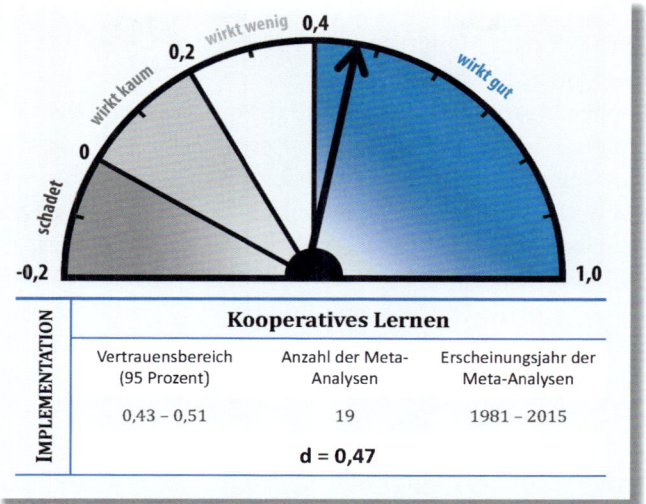

Wenn infolgedessen von einer Verbindung des SAMR-Modells und verschiedenen Anforderungsniveaus die Rede ist, dann geht die Frage nach dem Warum der Frage nach dem Wie voraus. Bereits Wolfgang Klafki (1996) hat diesen Gedanken mit den Worten des Primats der Didaktik vor der Methodik im Rahmen seiner kritisch-konstruktiven Didaktik formuliert. Anders ausgedrückt: Erst müssen die Ziele klar definiert sein, dann können sinnvoll methodische Überlegungen angestellt werden.

Dieser Schluss erinnert an die – gerade im deutschsprachigen Raum – leidenschaftlich geführten Diskussionen zu Unterrichts-methoden: Ist offener Unterricht oder geschlossener Unterricht besser? So eng die damit verbundene Begrifflichkeit und so verkürzend die Gegenüberstellung angesichts der Bandbreite an unterrichtlichen Möglichkeiten auch sein mag, die Zuspitzung weist auf den Kern des Problems hin. Denn der Ort schulischer Bildung ist nicht die Methode. Der Ort schulischer Bildung ist die Interaktion zwischen Menschen.

Methoden können diese Interaktion unterstützen, optimieren, fördern. Sie können sie aber nicht ersetzen. Insofern gilt im Hinblick auf Unterrichtsmethoden: Entscheidend ist, ob sie helfen, die Interaktion zwischen Menschen zu ermöglichen, Lernen und Lehren positiv zu beeinflussen und letztendlich zur Zielerreichung zu führen. Haben die eingesetzten Methoden hierzu keinen Beitrag geleistet, waren sie aus didaktischer Sicht die falsche Wahl.

In gleicher Weise gilt das Gesagte für eine Digitalisierung im Bildungsbereich. Die Frage, ist digitales Lernen oder nicht-digitales Lernen besser, führt in die Irre. Digitalisierung ist kein Selbstzweck und darf es auch nicht sein. Vielmehr ist ihr Zweck darin zu sehen, Interaktionen zwischen Menschen zu ermöglichen und Lehr-Lern-Prozesse positiv zu beeinflussen. Überall dort, wo das Digitale das Soziale ersetzt, wo das Digitale die Herausforderung des Lernens nimmt, wo das Digitale Menschen voneinander trennt anstatt sie zueinander zu führen, wo Tippen an die Stelle des Sprechens tritt, hat es diesen Zweck verfehlt.

Die nachfolgende Matrix soll eine Hilfe sein, um all die angeschnittenen Fragen reflektieren zu können. Sie versteht sich als Orientierungsverallgemeinerung und als allgemeindidaktisches Arbeitsmodell. Insofern dient sie der Unterstützung bei der konkreten Unterrichtsplanung und gibt zwei Reflexionsschritte vor, die zuerst nacheinander beantwortet werden müssen, bevor sie miteinander verbunden werden können:

		2. Reflexionsschritt			
1. Reflexionsschritt		S	A	M	R
	Oberflächen-verständnis				
	Tiefenverständnis				

Im ersten Reflexionsschritt ist zu entscheiden, welche Ziele verfolgt werden, also warum und wozu Lernprozesse initiiert werden. Im zweiten Reflexionsschritt ist darauf aufbauend zu entscheiden, welche Medien auf welcher Digitalisierungsebene hilfreich sind und welche nicht brauchbar sind. Dass der zweite Reflexionsschritt nicht losgelöst vom ersten Reflexionsschritt zu sehen ist, sondern beide in einem Wechselwirkungsverhältnis zueinander stehen, liegt auf der Hand und ist allgemeindidaktisches Grundwissen. Dennoch bleibt die Zielfrage für den Bildungsprozess bedeutender als die Medienfrage. Insofern sind nach erfolgter Medienwahl die Ziele erneut zu reflektieren und zu hinterfragen. Damit zeigt sich die Frage nach dem Warum als Start und Ziel von didaktischem Denken und Handeln.

Basierend auf der Umfrage zum iPAC-Modell (vgl. http://www.mobilelearningtoolkit.com/ipac-surveys.html) wurde der folgende Fragebogen entwickelt. Es enthält einen Fragenblock zum SAMR-Modell sowie zum iPAC-Modell und kann aus Sicht einer Lehrperson hilfreich sein, die Auswahl, den Einsatz und die Integration digitaler Medien in die Lernumgebung zu hinterfragen. Der Fragebogen kann bis auf den Fragenblock zum SAMR-Modell auch von Lernenden beantwortet werden und bietet somit neben der Selbsteinschätzung eine wichtige Fremdeinschätzung:

	Ich stimme zu.			Ich stimme nicht zu.	
	1	2	3	4	5
SAMR Level					
Digitale Medien werden verwendet, um traditionelle Medien zu ersetzen.	○	○	○	○	○
Digitale Medien werden zur Ergänzung traditioneller Medien eingesetzt.	○	○	○	○	○
Digitale Medien werden verwendet, um traditionelle Aufgabenformate zu modifizieren.	○	○	○	○	○
Digitale Medien werden verwendet, um neue Aufgabenformate zu formulieren.	○	○	○	○	○

Vom Informationsträger zur Informationsverarbeitung

	Ich stimme zu.			Ich stimme nicht zu.	
	1	2	3	4	5
iPAC-Personalization					
Lernende wählen den Arbeitsplatz (Klassenzimmer, Zuhause, Spielplatz usw.) aus.	O	O	O	O	O
Lernende entscheiden über die Lernzeit (während des Unterrichts, nach der Schule, am Wochenende usw.).	O	O	O	O	O
Lernende entscheiden, was sie lernen möchten (Auswahl der eigenen Fragen, Aufgaben, Probleme und Projekte usw.).	O	O	O	O	O
Lernende bestimmen die Arbeitsweise (mit Lehrbüchern, Online-Material usw.).	O	O	O	O	O
Die Schüler passen die Einstellungen auf ihrem Gerät an.	O	O	O	O	O
iPAC-Authenticity					
Lernende arbeiten an einem vom Thema implizierten Ort.	O	O	O	O	O
Lernende arbeiten in einem realistischen Raum.	O	O	O	O	O
Lernende arbeiten ähnlich wie Experten (Datenerhebung, Austausch von Erkenntnissen, Zusammenstellung von Material usw.).	O	O	O	O	O
Lernende nehmen an einer echten, realen Gemeinschaftsaktivität teil.	O	O	O	O	O

Vom Informationsträger zur Informationsverarbeitung

	Ich stimme zu.			Ich stimme nicht zu.	
	1	2	3	4	5
Lernende machen ihr Lernen lebensrelevant.	O	O	O	O	O
Lernende berücksichtigen die Ansichten von Expertinnen und Experten zu diesem Thema (via Twitter, Skype usw.).	O	O	O	O	O
iPAC-Collaboration					
Lernenden nehmen an realen und unmittelbaren Diskussionen über ihre Arbeit teil.	O	O	O	O	O
Lernenden nehmen an Online-Diskussionen über ihre Arbeit teil.	O	O	O	O	O
Lernenden diskutieren ihre Arbeit online mit ihnen bisher unbekannten Personen (Wissenschaftler, Künstler usw.).	O	O	O	O	O
Lernenden arbeiten zusammen und erstellen ein digitales Produkt (Video, Podcast, Foto usw.).	O	O	O	O	O
Lernenden tauschen digitale Inhalte mit anderen online aus.	O	O	O	O	O
Lernenden teilen und vergleichen digitale Inhalte, die auf ihrem Gerät erstellt wurden, mit anderen.	O	O	O	O	O

Entsprechend der angestellten Überlegungen kann die erzielte Punktzahl zu den Fragen zum SAMR-Modell mit der Punktzahl zu den

Fragen zum iPAC-Modell verknüpft werden. Je höher die Punktzahl zum SAMR-Modell, desto höher ist die Punktzahl zum iPAC-Modell. Bei Abweichungen ist es ratsam, die Planung zu überdenken. Ebenso wird es notwendig sein, die Lernanordnung kritisch zu hinterfragen, wenn die Lernenden nach dem Unterricht zu anderen Bewertungen kommen als Sie.

ZUSAMMENFASSUNG:

Was versteht Ruben C. Puentedura unter SAMR Modell?

Das SAMR-Modell von Ruben C. Puentedura versteht sich als Orientierungshilfe und insofern als allgemeindidaktisches Arbeits-modell, um Möglichkeiten und Grenzen eines Lernens 4.0 sichtbar zu machen. Die Anfangsbuchstaben der von ihm identifizierten Digitalisierungsebenen „Substitution" (Ersetzung), „Augmentation" (Erweiterung), „Modification" (Änderung) und „Redefinition" (Neubelegung) bilden die Bezeichnung SAMR.

Wodurch ist eine Digitalisierung auf der Ebene der Ersetzung, der Ebene der Erweiterung, der Ebene der Änderung und der Ebene der Neubelegung gekennzeichnet?

Die Digitalisierungsebenen beschreiben, wie neue Medien im Vergleich zu traditionellen Medien eingesetzt werden können. In Verbindung dazu verdeutlichen sie idealtypisch wie mit einer Höherführung der Ebene eine stärkere soziale und kognitive Vernetzung der Lernenden möglich ist.

Was ist das Ziel des iPAC-Modells?

Eine Gruppe von Forschenden und Lehrenden entwickelte das iPAC-Modell, um gut gestaltete digitale Lernumgebungen von schlecht gestalteten digitalen Lernumgebungen unterscheiden zu können. Im Zentrum des iPAC-Modells steht: Digitales Lernen hat das Potenzial, die räumlichen und zeitlichen Beschränkungen traditioneller Lernumgebungen zu überwinden.

Was ist kennzeichnend für die Grundprinzipien „Personalization" (Personalisierung), „Authenticity" (Authentizität) und „Collaboration" (Zusammenarbeit)?

„Personalization" (Personalisierung), „Authenticity" (Authentizität) und „Collaboration" (Zusammenarbeit) stellen die drei Grundprinzipien des iPAC-Modells dar. Sie werden in sieben Subkategorien unterteilt: „Personalization" umfasst Handlungsfähigkeit und Passung. „Authenticity" umfasst Aufgabe, Hilfsmittel und Lernumgebung. Und

„Collaboration" umfasst soziale Interaktion und Informationsaustausch.

Wie können das SAMR-Modell und das iPAC-Modell zusammengeführt werden?

Das SAMR-Modell und das iPAC-Modell sind auf verschiedenen Ebenen angesiedelt, obschon sie ein gemeinsames Ziel verfolgen. Dadurch können sie miteinander kombiniert werden. Das Ergebnis ist eine Planungs- und Bewertungsmatrix, die hilfreich sein kann, um gut gestaltete digitale Lernumgebungen von schlecht gestalteten digitalen Lernumgebungen zu unterscheiden.

Warum ist die Frage nach dem Warum des Medieneinsatzes die entscheidende?

Kein Medium führt per se zu einem Lernen, geschweige denn zu einem Lernen auf einem höheren Anspruchsniveau. Damit Lernen stattfindet, muss das Medium sinnvoll und passend in den Lernprozess integriert werden. Damit das gelingen kann, ist die Frage nach dem Warum entscheidend. Insofern ist es aus didaktischer Sicht wichtig, bevor die Frage nach dem Wie beantwortet wird, die Ziele des Unterrichts zu bestimmen und zu reflektieren.

5 Lehrerprofessionalität als entscheidender Faktor

REFLEXIONSAUFGABE:

Reflektieren Sie, wie sich Ihre Kompetenzen, aber auch Ihre Haltungen hinsichtlich einer Digitalisierung im Bildungsbereich durch die Auseinandersetzung mit den Überlegungen des vorliegenden Buches verändert haben: Was war neu für Sie? Was erscheint Ihnen besonders wichtig? Und woran möchten Sie weiterarbeiten?

ZIELE:

In diesem Kapitel wird die Argumentation weiter zugespitzt, und zwar auf die entscheidende Aussage: Auf die Lehrerprofessionalität kommt es an! Wenn Sie dieses Kapitel bearbeitet haben, dann sollten Sie folgende Fragen beantworten können:

- Worin zeigt sich Lehrerprofessionalisierung und welche Konsequenzen sind daraus für eine Digitalisierung im Bildungsbereich zu ziehen?
- Warum ist der Faktor „Erlebnispädagogische Maßnahmen" so wirksam und welche Schlussfolgerungen ergeben sich daraus für ein Lernen 4.0?
- Warum ist die Fokussierung auf den Menschen für ein erfolgreiches digitales Lernen so wichtig?

Ein bekanntes Zitat, das Bill Gates, als Gründer von Microsoft zweifelsfrei ein Verfechter der neuen Medien, zugeschrieben wird, lautet: „Lehrpersonen müssen im Zeitalter der Infobahn anders unterrichten. Das stimmt. Aber sie werden weiter gebraucht. Die Kinder wollen nicht einfach allein zu Hause sitzen und am Bildschirm Lernstoff in sich hineinsaugen. Sie brauchen die Gruppe, sie brauchen den menschlichen Aspekt, sie brauchen Lehrpersonen."

Es mag für den einen oder anderen überraschend sein, dass ausgerechnet aus diesem Wirtschaftssegment eine solche Aussage getroffen wird. Vielleicht mag es aber auch nicht überraschen. Denn wer, wenn nicht die, die tagtäglich mit den Möglichkeiten und Grenzen einer Digitalisierung zu tun haben, sollten wissen, worauf es bei einer erfolgreichen Digitalisierung ankommt?

Im Kern wird also deutlich: Es geht um den Menschen. All die Technik, die im Zug einer Digitalisierung entwickelt wird, braucht immer den Menschen, um Wirkung erzeugen zu können. Und was brauchen Menschen, um genau diese Effekte mithilfe einer Digitalisierung erzielen zu können? Im Folgenden soll dieser Frage nachgegangen werden.

Was ist Lehrerprofessionalität?

Schiebt man die ideologischen Extrempositionen in der Diskussion beiseite und betrachtet nüchtern das, was heute über den Einsatz von Computer, Tablets, Smartboards & Co. bekannt ist, so lässt sich folgern: Die Technik alleine und für sich genommen wird Lernen nicht revolutionieren. Das schaffte kein „neues" Medium in der Geschichte der Schule: nicht der Griffel, nicht die Tafel, nicht das Schulbuch, nicht der Computer, nicht das Tablet und auch nicht das Smartboard. Technik braucht immer den Menschen, um wirken zu können. Insofern ist der Ort der Bildung in Lehr-Lern-Prozessen nicht das Medium. Sondern der Ort der Bildung in Lehr-Lern-Prozessen ist in der Interaktion zwischen Menschen zu sehen. Es kommt also darauf an, was Lehrpersonen mit der Technik machen – in welchen Situationen sie diese einschalten und in welchen Situationen sie diese ausschalten.

Lehrerprofessionalität als entscheidender Faktor

Dabei zählt es zu den hartnäckigsten Mythen in der erziehungswissenschaftlichen Diskussion, dass eine erfolgreiche Lehrperson jene ist, die besonders viel Fachwissen besitzt. Die ganze universitäre Lehrerbildung basiert auf dieser Annahme und gibt dem Fachstudium dementsprechend den größten Raum. Und wann immer über Reformen in der Lehrerbildung diskutiert wird, hat der Ruf nach mehr Fachkompetenz einen festen Platz. So auch in Zeiten einer Digitalisierung: Wir brauchen Lehrpersonen, die Experten im Umgang mit neuen Medien sind. So wichtig dieser Umgang ist, er wird nicht ausreichen, ja für sich alleine betrachtet nicht einmal entscheidend sein. Dies lässt sich mithilfe des Faktors „Fachkompetenz" verdeutlichen:

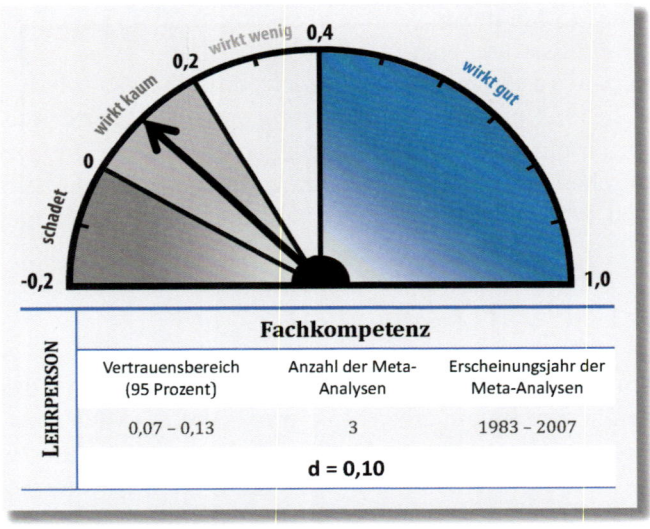

Wie kann es sein, dass die Fachkompetenz in „Visible Learning" (vgl. Hattie, 2013 und dazu Zierer, 2014) mit einer Effektstärke von 0,10 fast einen Nulleffekt auf die Leistung der Schülerinnen und Schüler hat, wo doch auch die wenigen deutschsprachigen Studien, die es in diesem Bereich gibt, zu scheinbar anderen Ergebnissen kommen (vgl. Baumert & Kunter, 2006; Blömeke, Kaiser & Lehmann, 2010; Kunter et al., 2011; Pant et al., 2013)? Geht man vom Unterricht als einer Interaktion zwischen Schülerinnen und Schülern sowie der

Lehrperson aus, die sich im Stoff begegnen, ist eine Erklärung dafür schnell gefunden (vgl. Zierer, 2015b): Wir alle kennen Menschen, die ungeheuer viel wissen, es aber nicht erklären können. Ihnen fehlt es an didaktischer Kompetenz. Und wir alle kennen Menschen, die ungeheuer viel wissen, aber so unnahbar sind, dass sie keinen Bezug zum Gegenüber aufbauen können. Diesen mangelt es an pädagogischer Kompetenz. Insofern reicht Fachkompetenz alleine nicht aus, um erfolgreich unterrichten zu können. Sie muss flankiert werden von didaktischer und pädagogischer Kompetenz – und erst in dieser Trias kann sie wirksam werden. Der Ruf nach mehr Fachkompetenz ist damit hinfällig – was nicht heißen soll, dass sie unnötig wäre. Aber: Wir brauchen nicht ein Mehr an Fachkompetenz, sondern einen Unterricht, der das bereits existierende hohe Maß an Fachkompetenz zum Leben erweckt. Und dafür ist didaktische und pädagogische Kompetenz entscheidend. Nachstehende Abbildung versucht das Gesagte zu verdeutlichen (vgl. Zierer, 2015b und Hattie & Zierer, 2017):

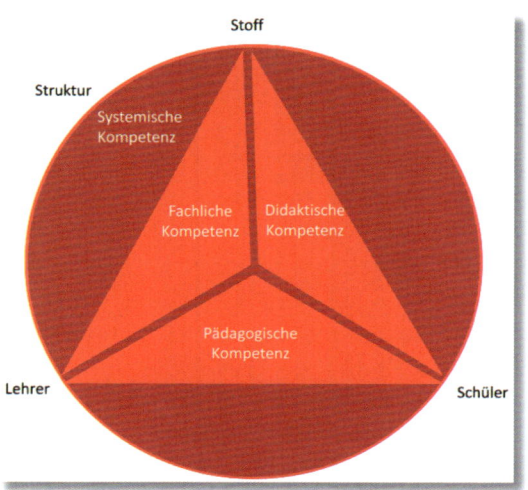

Die angesprochenen deutschsprachigen Studien bestätigen übrigens diesen Schluss, wenn man sie richtig liest: Beispielsweise wurde im IQB-Ländervergleich untersucht (vgl. Pant et al. 2013), ob Lehrpersonen, die ein Fach studiert haben, erfolgreicher unterrichten als

Lehrpersonen, die das nicht haben. Und in der Tat zeigen die Ergebnisse, dass dies der Fall ist. Daraus aber nun zu folgern, dass dieses Ergebnis allein der höheren Fachkompetenz zuzuschreiben ist, greift zu kurz. Denn Lehrpersonen, die ein Fach studiert haben, erlangten vor allem im Referendariat einen Anstieg in ihrer didaktischen und pädagogischen Kompetenz.

Die gemachten Überlegungen können mit dem TPACK-Modell verknüpft werden. Dies ist eines der bekanntesten und am häufigsten diskutierten Modelle der Lehrerprofessionalisierung im Kontext einer Digitalisierung. Aus diesem Grund wird sie im Folgenden näher beschrieben, und zwar mithilfe von Ausführungen von Matthew J. Koehler (2012), einer der Schöpfer des TPACK-Modells (vgl. Koehler & Mishra, 2009; Mishra & Koehler, 2006):

„Technological Pedagogical And Content Knowledge" (TPACK) versucht, die Art des Wissens zu identifizieren, das von Lehrpersonen für die Integration digitaler Medien in ihren Unterricht benötigt wird und gleichzeitig die komplexe, vielfältige und umfangreiche Professionalität von Lehrpersonen berücksichtigt. Das TPACK-Modell erweitert in diesem Sinn Lee S. Shulmans (1987) Idee des pädagogischen Inhaltswissens:

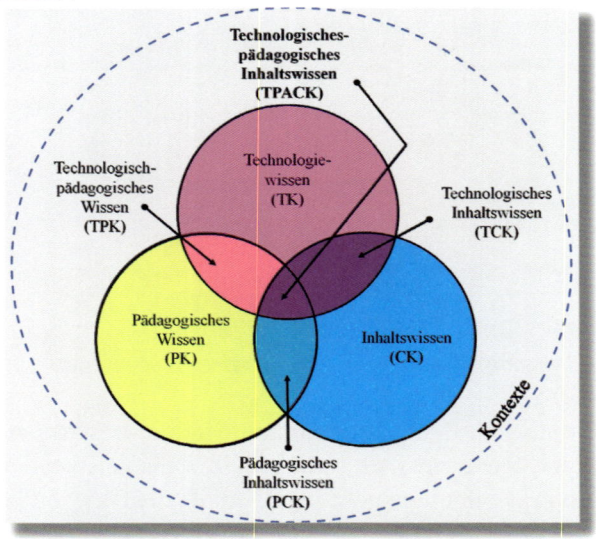

Quelle: http://www.tpack.org

Das komplexe Zusammenspiel von drei primären Wissensformen ist das Herzstück des TPACK-Modells: Inhaltswissen (CK), Pädagogisches Wissen (PK) und Technologiewissen (TK). Das TPACK-Modell vermeidet zum einen, diese drei Wissensformen isoliert voneinander zu betrachten. Zum anderen geht es noch einen Schritt weiter, indem es die Wissensformen betont, die an den Schnittstellen zwischen den drei primären Wissensformen liegen: Pädagogisches Inhaltswissen (PCK), Technologisches Inhaltswissen (TCK), Technologisch-pädagogisches Wissen (TPK) und Technologisch-pädagogisches Inhaltswissen (TPACK). Sie alle werden im Folgenden näher erläutert:

Inhaltswissen (CK):

„Das Wissen von Lehrpersonen über die zu erlernenden oder zu lehrenden Themen. Die Inhalte, die in der Schule behandelt werden sollen, unterscheiden sich von denen, die in einem Bachelor-Studiengang oder einem Graduiertenseminar behandelt werden sollen ... Wie Shulman (1986) bemerkte, würde dieses Wissen Kenntnisse über Konzepte, Theorien, Ideen, organisatorische Rahmenbedingungen, Evidenz- und Beweiswissen sowie etablierte Praktiken und Ansätze zur Entwicklung dieses Wissens umfassen." (Koehler & Mishra, 2009).

Pädagogisches Wissen (PK):

„Das tiefe Wissen der Lehrperson über Prozesse und Verfahren des Lehrens und Lernens. Sie umfassen unter anderem allgemeine Bildungsideale, Werte und Ziele. Diese generische Form des Wissens gilt für das Verständnis des Lernens der Schülerinnen und Schüler, Strategien der Klassenführung, Unterrichtsplanung und Leistungsbeurteilung." (Koehler & Mishra, 2009).

Technologiewissen (TK):

„Das Wissen über bestimmte Denkweisen und den Umgang mit Technologien, Hilfsmitteln und Ressourcen sowie die Arbeit mit Technologien kann für alle technologischen Hilfsmittel und Ressourcen gelten. Dazu gehört es, die Informationstechnologie breit genug zu verstehen, um sie produktiv am Arbeitsplatz und im Alltag anwenden zu können. Dies schließt die Reflexion darüber ein, wann die Informationstechnologie die Zielerreichung unterstützen oder behindern kann. Und schließlich bedeutet Technologiewissen auch, sich kontinuierlich die Veränderungen in der Informationstechnologie anzusehen." (Koehler & Mishra, 2009).

Pädagogisches Inhaltswissen (PCK):

„In Übereinstimmung mit Shulmans Vorstellung von Wissen über Pädagogik, das auf die Vermittlung spezifischer Inhalte anwendbar ist. Im Mittelpunkt von Shulmans Konzeptualisierung von PCK steht der Begriff der Transformation des Unterrichtsstoffs. Konkret geschieht diese Transformation nach Shulman (1986), wenn die Lehrperson das Thema erschließt, mehrere Möglichkeiten findet, es darzustellen, und die Unterrichtsmaterialien an alternative Vorstellungen und das Vorwissen der Lernenden anpasst. Das PCK deckt das Kerngeschäft Lehren, Lernen, Lehrplan, Benotung und Evaluation ab." (Koehler & Mishra, 2009).

Technologisches Inhaltswissen (TCK):

„Ein Verständnis dafür, wie Technologie und Inhalte sich gegenseitig beeinflussen und einschränken. Lehrpersonen müssen mehr beherrschen als die von ihnen unterrichteten Fächer; sie müssen auch ein tiefes Verständnis dafür haben, wie sich der Gegenstand (oder die Arten von Darstellungen, die konstruiert werden können) durch die Anwendung bestimmter Technologien verändern lassen. Lehrpersonen müssen verstehen, welche spezifischen Technologien am besten geeignet sind, um das Thema zu erschließen und wie der Inhalt die Technologie diktiert oder vielleicht sogar verändert – oder umgekehrt." (Koehler & Mishra, 2009).

Technologisch-pädagogisches Wissen (TPK):

„Ein Verständnis dafür, wie sich Lehren und Lernen verändern kann, wenn bestimmte Technologien in besonderer Weise genutzt werden.

Dazu gehört auch, die pädagogischen Möglichkeiten und Einschränkungen einer Reihe von technologischen Hilfsmitteln zu kennen, die sich auf pädagogische Konzepte und Strategien beziehen." (Koehler & Mishra, 2009).

Technologisch-pädagogisches Inhaltswissen (TPACK):

„TPACK basiert auf einem sinnstiftenden und tiefgründigen Unterricht mit Technologien. Es ist die Grundlage für einen effektiven Unterricht mit Technologien, der ein Verständnis der Repräsentation von Konzepten erfordert und Technologien verwendet, um Inhalte zu vermitteln; der Kenntnisse darüber besitzt, was Konzepte schwierig oder leicht macht und wie Technologie helfen kann, einige der Probleme zu lösen, mit denen Lernende konfrontiert sind; der Kenntnisse über das Vorwissen und die Vorerfahrungen der Lernenden hat; und der Kenntnisse darüber besitzt, wie Technologien verwendet werden können, um auf vorhandenem Wissen aufzubauen." (Köhler & Mishra, 2009).

Soweit die Gedanken von Matthew J. Köhler (2012) zum TPACK-Modell. So überzeugend diese Überlegungen auch sein mögen: Weder die Trias aus Fachkompetenz, didaktischer Kompetenz und pädagogischer Kompetenz, noch das TPACK-Modell reicht aus, um erfolgreich zu unterrichten. Vielmehr wissen wir nicht erst seit heute, dass es gerade in pädagogischen Kontexten nicht so sehr darauf ankommt, was wir machen, sondern auch und vor allem darauf, wie und warum wir etwas machen. Insofern ist nicht die Kompetenz in Form von Wissen und Können ausschlaggebend, sondern die Haltung in Form von Wollen und Werten – und Letztere bestimmt, ob Erstere zum Einsatz kommt. Erneut wird der Versuch unternommen, diesen Gedanken mithilfe des didaktischen Dreieckes zu veranschaulichen (vgl. Zierer, 2015b und Hattie & Zierer, 2017):

Lehrerprofessionalität als entscheidender Faktor

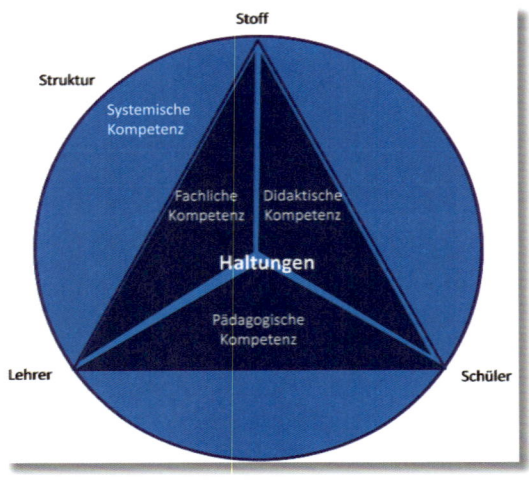

Am Beispiel der Inklusionsdebatte lässt sich das Gesagte veranschaulichen: Zweifelsfrei gibt es viele Lehrpersonen, die eine hohe Fachkompetenz, didaktische Kompetenz und auch pädagogische Kompetenz besitzen und noch dazu eine professionelle Haltung mitbringen. Inklusiver Unterricht könnte also gelingen. Was aber passiert, wenn von Seiten des Staates Aufgaben an die Basis übertragen werden, ohne entsprechende Unterstützung zur Verfügung zu stellen und das was, bisher geschehen ist, nicht wertschätzen? Lehrpersonen sehen sich in solchen Situationen häufig alleine gelassen und wer sich nicht verstanden fühlt, entwickelt dysfunktionale Haltungen. Lehrpersonen laufen somit Gefahr, nicht (mehr) den Willen haben, inklusiv zu unterrichten, und besitzen noch dazu Wertungen, um ihren Willen zu begründen. So werden sie ihre Kompetenzen nicht abrufen und der Unterricht wird scheitern – nicht aufgrund mangelnder Kompetenzen, sondern wegen dysfunktionaler Haltungen.

Vor diesem Hintergrund und zur weiteren Konkretisierung der angestellten Überlegungen lohnt ein Blick in aktuelle Ergebnisse der Expertenforschung, wie sie beispielsweise Howard Gardner, Mihaly Csíkszentmihályi und William Damon in ihrem „Good Work Project" liefern (vgl. Gardner, Csíkszentmihályi & Damon, 2002). Demnach basiert beruflicher Erfolg auf drei E's: Exzellenz, Engagement und

Lehrerprofessionalität als entscheidender Faktor

Ethik. Die Kernthese lautet: Erst, wenn alle drei Aspekte erkennbar sind und auftreten, sind Menschen in ihrem Tun erfolgreich. Übertragen auf die Tätigkeit einer Lehrperson bedeutet dies, dass erfolgreiches Handeln in Schule und Unterricht nicht nur Wissen und Können (in diesem Sinn Exzellenz), sondern auch Wollen (in diesem Sinn Engagement) und Werten (in diesem Sinn Ethik) erfordert. Interessant ist dabei vor allem die Feststellung, dass zwischen diesen Aspekten ein innerer Zusammenhang besteht: Können basiert auf Wissen, das erst abgerufen wird, wenn ein Wollen vorhanden ist. Und dafür gibt es immer Gründe, so dass das Wollen auf einem Werten fußt. Kann eine Lehrperson auf das nötige Können, Wissen, Wollen und Werten zurückgreifen, wird sie in einer Situation entsprechend handeln. Und, sofern der Kontext günstig ist, wird sie in ihrem Tun auch erfolgreich sein. Fehlt einer der genannten Aspekte, beispielsweise das Wollen, so wird die Lehrperson aller Voraussicht nach mit ihrem Tun scheitern. Nachstehende Abbildung fasst das Gesagte zusammen (vgl. Zierer, 2015b und Hattie & Zierer, 2017):

Erfolgreiche Lehrpersonen haben nicht nur eine Leidenschaft fürs das Fach, sondern auch für die Didaktik und die Pädagogik, für die Lernenden und ihren Beruf. Und diese Leidenschaft ist nicht nur wichtig, um ein erfolgreiche Lehrperson zu werden. Sie ist auch wichtig, um ein Leben lang diesen herausfordernden Beruf auszuüben, also erfolgreiche Lehrperson zu bleiben.

Überträgt man diese Überlegungen auf eine Digitalisierung im Bildungsbereich, so lässt sich folgern: Erfolgreiches digitales Lernen ist nicht nur eine Frage der Kompetenz, sondern auch und vor allem eine Frage der Haltung.

Verwenden Sie das K3W-Modell, um selbst zu reflektieren: Wie denke ich über Digitalisierung? Wo sind meine Stärken, wo sind meine Schwächen? Wie verhalten sich Können, Wissen, Wollen und Werten im Hinblick auf digitale Medien zueinander? Der untenstehende Fragebogen kann Ihnen dabei helfen. Füllen Sie ihn aus und besprechen Sie Ihre Einschätzungen mit einer Kollegin oder einem Kollegen.

Lehrerprofessionalität als entscheidender Faktor

	Ich stimme zu			Ich stimme nicht zu	
	1	2	3	4	5
KÖNNEN					
Ich bin hervorragend dazu in der Lage, digitale Medien im Unterricht sinnvoll einzusetzen.	○	○	○	○	○
Ich bin hervorragend dazu in der Lage, Lernprozesse mit digitalen Medien zu unterstützen.	○	○	○	○	○
WISSEN					
Ich weiß ganz genau, worin der Mehrwert von digitalen Medien zu sehen ist.	○	○	○	○	○
Ich weiß ganz genau, wann der Einsatz digitaler Medien lohnt.	○	○	○	○	○
WOLLEN					
Stets ist es mein Ziel, in meinem Unterricht den Einsatz von digitalen Medien abhängig von pädagogischen Überlegungen zu machen.	○	○	○	○	○
Stets ist es mein Ziel, den Einsatz digitaler Medien in meinem Unterricht zu hinterfragen.	○	○	○	○	○

	Ich stimme zu.			Ich stimme nicht zu.	
	1	2	3	4	5
WERTEN					
Ich bin fest davon überzeugt, dass digitale Medien für meinen Unterricht wichtig sind.	○	○	○	○	○
Ich bin fest davon überzeugt, dass die Unterstützung von Lernprozessen meiner Schülerinnen und Schüler durch digitale Medien wichtig ist.	○	○	○	○	○

Häufig kommt an dieser Stelle die Unsicherheit auf: Lassen sich Haltungen überhaupt verändern? Oder ist es nicht etwas, was zwar sehr entscheidend ist, sich aber eines Einflusses entzieht? Blicken Sie zur Beantwortung dieser Frage auf Ihr eigenes Leben zurück: Manchmal reicht schon ein einschneidendes Erlebnis, um die eigenen Haltungen grundlegend zu verändern. Manchmal zeigt sich noch so viel Mühe als wirkungslos. Damit wird offensichtlich: Haltungsarbeit ist nicht einfach. Während Kompetenzen in fünf Minuten vermittelt werden können, erfordert Haltungsarbeit ohne Zweifel mehr Zeit, mehr Mut, mehr Ausdauer und mehr Aufwand. Aber sollen wir deswegen davor zurückschrecken und diesen wichtigen Schritt der Professionalisierung nicht gehen? Ganz im Gegenteil: Wenn Haltungen so bedeutsam sind, dann ist es gerade das Kennzeichen von Professionalisierung, sich dieser Herausforderung zu stellen. Allgemein betrachtet eröffnen sich zwei Zugänge, um Haltungsarbeit angehen zu können: Erstens durch eine Kompetenzerweiterung, die anschließend zu neuen Erfahrungen führt und diese wiederum Haltungen nachhaltig beeinflussen. Zweitens durch Offenlegung und Auseinandersetzung mit den bestehenden Haltungen. Am besten ist es, wenn beide Zugänge zusammenwirken.

Aber um welche Haltungen geht es? Welche sind gefordert, um Digitalisierung im Besonderen und pädagogische Interaktionen im Allgemeinen wirksam werden zu lassen? Der Faktor „Erlebnispädagogik" eröffnet einen ersten Zugang, fokussiert er wie kein anderer Faktor auf das Wesentliche im Bildungsprozess: Den Menschen.

Der Faktor „Erlebnispädagogische Maßnahmen"

An keinem anderen Faktor lässt sich auf so eindringliche Art und Weise veranschaulichen, worauf es bei gelingenden Lehr-Lern-Prozessen ankommt. Allein schon die Tatsache, dass vor allem jene Lehrpersonen solche Maßnahmen ergreifen, die im Unterricht sonst auch viel richtig machen, und jene Lehrpersonen, die im Unterricht viel verbessern können, solche Maßnahmen meiden, lässt aufhorchen. Was ist das Geheimnis erlebnispädagogischer Aktivitäten?

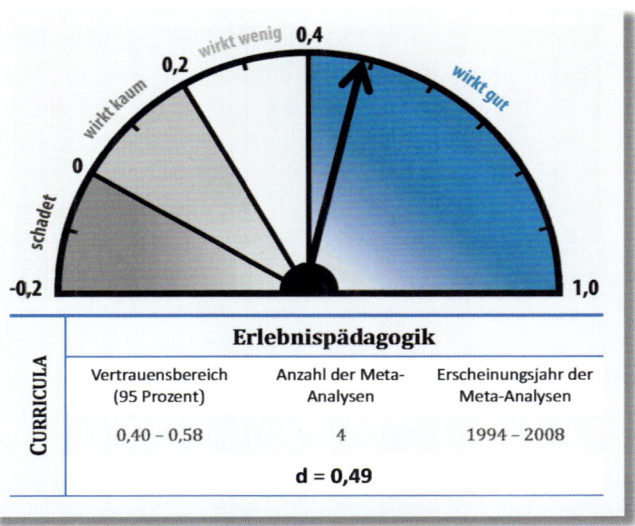

Programme, die zu diesem Faktor gezählt werden, sind beispielsweise mehrtägige Zeltlager, Schullandheimaufenthalte und Klassenfahrten. Sie erreichen mit einem Wert von 0,49 eine hohe Effektstärke. Die drei Meta-Analysen, die in „Visible Learning" genannt werden, nehmen zwar nur Studien aus den USA und Australien in den Blick, dennoch erscheint eine Übertragung der Ergebnisse auf Deutschland möglich, weil es auch hier entsprechen- de Programme gibt. Die Effekte sind auf alle untersuchten Bereiche positiv: auf mathematische, naturwissenschaftliche und sprachliche Kompetenzen, auf soziale Kompetenzen, auf das Selbstkonzept und auf die Motivation. Und noch eine Besonderheit von erlebnis-pädagogischen Maßnahmen: Sie haben so genannte Follow-Up-Effekte und können ihren Einfluss über die Maßnahme hinaus beibehalten. Das ist in der Erziehungswissenschaft selten. Meistens tritt ein so genannter Wash-Out-Effekt ein, demzufolge nach einer gewissen Zeit der Einfluss einer Maßnahme nicht mehr nachgewiesen werden kann. Dieser Wash-Out-Effekt lässt sich beispielsweise beim Faktor „Frühkindliche Förderung" feststellen: Am Ende der vierten Jahrgangsstufe kann man nicht mehr sagen, wer von den Kindern in einer Kindertagesstätte war. Was sind die Gründe für die nachhaltigen Effekte erlebnispädagogischer Maßnahmen? Ein Grund ist in der Klarheit zu sehen: Erfolgreiche Programme in diesem Bereich zeichnen sich dadurch aus, dass sowohl den Lernenden als auch den Lehrpersonen die Ziele, die Inhalte, die Methoden und die Medien bewusst und nachvollziehbar, konkret und umsetzbar sind. Ein zweiter Grund ist in der Lehrer-Schüler- und Schüler-Schüler-Beziehung zu sehen, die durch gemeinsame Aktivitäten in einem anregungsreichen Umfeld gefördert wird. Kooperationen sind notwendig und Vertrauen wird aufgebaut. Zwei Schlussfolgerungen hieraus: Erstens sind diese beiden Gründe auf alle strukturellen, curricularen und unterrichtlichen Aspekte übertragbar. Sie sind unabdingbar für erfolgreiches Lernen. Zweitens ist der Vergleich dieses Faktors mit strukturellen Maßnahmen, wie beispielsweise der Ganztagsschule, interessant. Zieht man eine Aufwand-Nutzen-Kalkulation hinzu, so ist das Ergebnis eindeutig: Erlebnispädagogische Maßnahmen erzielen weitaus größere Effekte und sind noch dazu um einiges kostengünstiger.

Welche Kernbotschaft lässt sich aus dem Gesagten für eine Digitalisierung im Bildungsbereich ableiten? Wir brauchen Lehrpersonen, die Unterricht nicht als einen Monolog sehen, sondern als einen Dialog, die immer und immer wieder in Lernenden etwas suchen, wovon keiner etwas weiß und woran schon keiner mehr glaubt, die mit

Leidenschaft und Kompetenz von ihrem Wissen, aber auch ihrem Leben erzählen können, die sich mit ihren Kolleginnen und Kollegen austauschen und zusammentun und die Lernenden auf Augenhöhe begegnen, wohlwissend, dass sie diese genauso brauchen wie diese sie.

Der Lernende ist als Ausgangspunkt für Erziehung und Unterricht zu sehen – mit seinen Stärken und Schwächen. Eine Lehrer-Schüler-Beziehung, die auf Kooperation und Akzeptation beruht, ist hierfür unabdingbar und einer der wichtigsten Faktoren für erfolgreiches Lehren und sichtbares Lernen ($d = 0{,}72$). Fehler sind hier keine Schande, sondern wichtige Informationen auf dem Weg eines gelingenden Unterrichts. Damit wird deutlich: Unterricht ist keine Einbahnstraße, sondern ein intensiver Dialog zwischen Lernenden und Lehrpersonen. Rückmeldung ist dabei ein zentraler Faktor, weil er wesentlich für eine Kommunikation im und über Unterricht ist ($d = 0{,}75$), und ebenso die Klarheit der Lehrperson ($d = 0{,}75$), weil sie den Maßstab für den Unterricht und seine Evaluation festlegt. Daneben ist unstrittig, dass Gleichaltrige bzw. die Lerngruppe eine wichtige Rolle spielen ($d = 0{,}53$) – kooperatives Lernen beispiels-weise ist dem am Wettbewerb orientierten und dem Lernen in Einzelarbeit überlegen ($d = 0{,}42$). Direkte Instruktion ($d = 0{,}59$) ist konsequenterweise eine Folge aus dem bisher Gesagten – nicht als Frontalunterricht missinterpretiert, sondern als ein Lehrerhandeln, das basierend auf den Informationen zum Lernstand der Schülerinnen und Schüler Ziele, Inhalte, Methoden und Medien bestimmt.

Der Mensch im Zentrum

Im Jahr 2016 lud mich meine letzte Grundschulklasse, die ich 2006 in der vierten Jahrgangsstufe als Klassenlehrer unterrichtete, zum zehnjährigen Klassentreffen ein. Ich fühlte mich sehr geehrt, nahm die mittlerweile doch weite Anreise auf mich und war sehr gespannt, wie sich „meine" Schülerinnen und Schüler entwickelt hatten. Es gab viel Interessantes zu berichten. Eine Geschichte ist aus meiner Sicht bemerkenswert:

An diesem Abend erzählte mir Fabian, dass er seit zehn Jahren einen Zettel von mir aufhebt und immer wieder einmal herausholt. Er sei eine Quelle der Motivation für ihn. Als ich ihn verwundert ansah, zeigt er ihn mir:

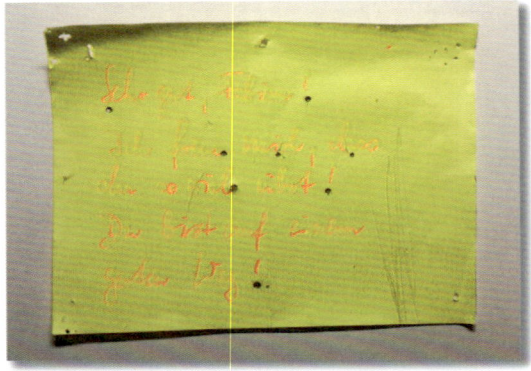

Solche gelben Zettel klebte ich hin und wieder in die Hefte der Schülerinnen und Schüler, um ihnen aus meiner Sicht wichtiges mitzuteilen. Wenn man so will: ein klassisches Lehrer-Schüler-Feedback. Sicherlich auch gar nicht das Beste, das man in dieser Situation geben könnte. Was aber das Bemerkenswerte dieser Geschichte ist: Nicht die Frage nach dem Medium ist entscheidend! Auf den ersten Blick könnte man nämlich meinen: Der Zettel ist es, der wirkt. Denn denkbar wäre auch (gewesen), eine Mail zu schreiben, die der Lernende über Jahre aufhebt, sich vielleicht ausdruckt und mitnimmt. Aber der Grund, warum dieses Stück Papier Wirkung hat, zeigt sich auf den zweiten Blick: Der Zettel ist Sinnbild für die anscheinend funktionierende Beziehungsebene zwischen Menschen. Für Fabian war und ist es ein Zeichen der Anerkennung, der Akzeptanz, der Wertschätzung. Für ihn ist es das Resultat einer pädagogischen Handlung, die nach zehn Jahren immer noch wirkt. Kurzum: Wichtiger als das, was Lehrpersonen machen, ist, wie und warum sie das, was sie machen, tun. Insofern ist der Ort schulischer Bildung nie die Struktur, nie die Methode und auch nie das Medium. Der Ort schulischer Bildung ist die Interaktion zwischen Menschen.

Und da das Gelingen der Interaktion in Schule und Unterricht vor allem von der Lehrperson abhängt, ist die Fokussierung auf ihre Professionalität folgerichtig. Diese zeigt sich nicht nur in den

Kompetenzen von Lehrpersonen, sondern auch in ihren Haltungen, wie weiter oben bereits erläutert wurde. Im Zentrum steht dabei die Bereitschaft und das Vermögen, nach dem eigenen Einfluss zu suchen und ihn zu verstehen. Insofern lassen sich professionelle Haltungen bestimmen, die vor allem das Handeln erfolgreicher Lehrpersonen kennzeichnen. In „Kenne deinen Einfluss!" (Hattie & Zierer, 2017) wurden zehn solcher Haltungen definiert. Diese Haltungen entscheiden darüber, ob pädagogische Handlungen erfolgreich sind oder nicht. Überträgt man diese auf eine Digitalisierung, so lässt sich aufzeigen, was Digitalisierung in der Schule nicht bedeutet – und auch, was Digitalisierung in der Schule bedeuten kann und wie sie gelingen kann:

Ich entwickle positive Beziehungen.
Ich sehe Lernen als harte Arbeit. Ich setze die Herausforderung.
Schülerleistungen sind eine Rückmeldung für mich über mich.
Ich informiere alle über die Sprache des Lernens.
Ich benutze Dialog anstelle von Monolog.

Kenne deinen Einfluss!

Ich bin ein Veränderungsagent.
Ich bin ein Evaluator.
Ich rede über Lernen, nicht über Lehren.
Ich arbeite mit anderen Lehrpersonen zusammen.

1. Erfolgreiche Lehrpersonen reden über Lernen, nicht über Lehren und beginnen und enden ihre pädagogischen und didaktischen Überlegungen beim Lernenden. Digitalisierung im Unterricht bedeutet nicht, ein Lernprogramm für alle Lernende in gleicher Weise einzusetzen. Digitalisierung im Unterricht bedeutet vielmehr, das Vorwissen und die Vorerfahrungen der Lernenden zu erheben und jene digitalen Verfahren einzusetzen, die darauf aufbauend eine größtmögliche Passung bewirken.

2. Erfolgreiche Lehrpersonen setzen die Herausforderung und gestalten Lernprozesse weder zu leicht, noch zu schwer. Digitalisierung im Unterricht bedeutet nicht, Lernprozesse möglichst leicht (oder gar möglichst schwer) zu machen. Digitalisierung im Unterricht bedeutet vielmehr, mithilfe digitaler Verfahren eine Passung zwischen

Vorwissen und Anforderungsniveau herzustellen und Lernen möglichst herausfordernd zu machen.

3. Erfolgreiche Lehrpersonen sehen Lernen als harte Arbeit und setzen vielfältige, regelmäßige und herausfordernde Phasen der Übung. Digitalisierung im Unterricht bedeutet nicht, Lernen ausschließlich in die Hände der Lernenden zu verlagern. Digitalisierung im Unterricht bedeutet vielmehr, Möglichkeiten zu eröffnen, um bewusst zu lernen.

4. Erfolgreiche Lehrpersonen sehen Unterricht als Interaktion, die auf Wertschätzung beruht, und investieren insofern in den Aufbau positiver Beziehungen. Digitalisierung im Unterricht bedeutet nicht, das soziale Gefüge durch neue Medien zu ersetzen und womöglich sogar die Lehrperson überflüssig zu machen. Digitalisierung im Unterricht bedeutet vielmehr, neue Medien anzuwenden, um neue Formen der Interaktion, des Gespräches und der Zusammenarbeit in Lehr-Lern-Prozesse zu integrieren.

5. Erfolgreiche Lehrpersonen sehen Unterricht nicht als Einbahnstraße, sondern als Dialog. Digitalisierung im Unterricht bedeutet nicht, das gesprochene Wort durch digitalen Austausch zu ersetzen. Digitalisierung im Unterricht bedeutet vielmehr, das gesprochene Wort im Unterricht durch vorausgehenden und nachfolgenden digitalen Austausch in seiner Tiefe und Nachhaltigkeit positiv zu beeinflussen.

6. Erfolgreiche Lehrpersonen informieren Lernende und Eltern über die Sprache der Bildung. Digitalisierung im Unterricht bedeutet nicht, dass Lehrpersonen neue Medien uneingeschränkt preisen. Digitalisierung im Unterricht bedeutet vielmehr, dass Lehrpersonen den Umgang mit neuen Medien kritisch-konstruktiv kommentieren, auf Möglichkeiten, Grenzen und Gefahren hinweisen.

7. Erfolgreiche Lehrpersonen sehen sich als Veränderungsagenten und setzen Methoden nicht um der Methoden willen ein, sondern immer vor dem Hintergrund der Lernsituation. Digitalisierung im Unterricht bedeutet nicht, neue Medien einzusetzen, weil sie gerade en vogue sind. Digitalisierung im Unterricht bedeutet vielmehr, in Abwägung der Möglichkeiten und der Bedürfnisse auf Seiten der Lernenden, neue Medien nur dann und immer dann einzusetzen, wenn sie die beste Wahl sind.

8. Erfolgreiche Lehrpersonen geben und fordern Rückmeldung, weil Feedback für sie nicht nur ein wichtiges Instrument ist, sondern eine Grunddimension von Unterricht. Digitalisierung im Unterricht bedeutet nicht, alle bisherigen Verfahren der Rückmeldung abzulösen und nur noch digital Rückmeldung einzuholen. Digitalisierung im Unterricht bedeutet vielmehr, den Mehrwert neuer Medien im Vergleich zu traditionellen Medien zu nutzen und im Kontext von Feedback jene Verfahren in den Unterricht mit aufzunehmen, die sonst aufgrund von Zeitaufwand und fehlender Kompetenz nicht möglich wären.

9. Erfolgreiche Lehrpersonen sehen Schülerleistungen als Rückmeldung für sich über sich und bringen sowohl den Lernerfolg als auch Fehler im Lernprozess immer in Verbindung mit ihrem Denken und Tun. Digitalisierung im Unterricht bedeutet nicht, den Austausch über Fehler im Lernprozess in die Hand der Technik zu geben. Digitalisierung im Unterricht bedeutet vielmehr, Fehler im Lernen mithilfe neuer Medien sichtbar zu machen, um darauf aufbauend in einen intensiven Austausch über Lehr-Lern-Prozesse zu kommen.

10. Erfolgreiche Lehrpersonen arbeiten zusammen. Digitalisierung im Unterricht bedeutet nicht, dass neue Medien den Austausch zwischen Lehrpersonen verringern oder sogar ersetzen sollen. Digitalisierung im Unterricht bedeutet, dass neue Medien neue Formen des Austausches und der Kooperation zwischen Lehrpersonen initiieren sollen.

Gelingt es Lehrpersonen, mit diesen Haltungen in den Unterricht zu gehen, so werden sie eine Digitalisierung sinnvoll in den Unterricht integrieren. Vor diesem Hintergrund müssen wir das Netz in der Tat nicht hassen, wie Jarett Kobek (2016) sein neues Buch betitelt, genauso wenig wie wir es preisen müssen. Es ist ein Medium und wird ein Medium bleiben. Erst der Mensch wird es zum Leben erwecken.

ZUSAMMENFASSUNG:

Worin zeigt sich Lehrerprofessionalisierung und welche Konsequenzen sind daraus für eine Digitalisierung im Bildungsbereich zu ziehen?

Im Zentrum einer Lehrerprofessionalisierung steht das Zusammen-spiel von Kompetenz und Haltung im Hinblick auf das Fach, die Pädagogik und die Didaktik. Für eine Digitalisierung im Bildungs-bereich folgt daraus, dass Möglichkeiten und Grenzen bzw. Erfolg und Misserfolg nicht nur vom Können und Wissen der Lehrpersonen abhängen, sondern auch und vor allem von ihrem Wollen und Werten. Daraus ergibt sich die Herausforderung, bei einer Digitalisierung nicht nur die Strukturen zu schaffen, sondern immer auch die Menschen zu stärken.

Warum ist der Faktor „Erlebnispädagogische Maßnahmen" so wirksam und welche Schlussfolgerunen ergeben sich daraus für ein Lernen 4.0?

Erlebnispädagogsiche Maßnahmen weisen eine hohe Effektstärke vor und zeichnen sich durch einen sogenannten Follow-Up-Effekt aus: Sie lassen sich also auch langfristig in ihrer positiven Wirkung nachweisen. Als Gründe für diese Wirksamkeit sind vor allem heraus-fordernde Ziele, intensive Kooperationen und vertrauensvolle Beziehungsverhältnisse zu sehen. Insofern ist es im Fall von erlebnispädagogischen Maßnahmen weniger die Methode, die Effekte erzielt, als vielmehr die dadurch initiierte und unterstützte Interaktion zwischen Menschen.

Warum ist die Fokussierung auf den Menschen für ein erfolgreiches digitales Lernen so wichtig?

Die wichtigste Botschaft über alle Theorien und empirische Studien hinweg ist, dass digitale Medien allein den Unterricht nicht revolutionieren werden. Stattdessen sind es immer die Menschen, die entscheiden, ob Digitalisierung eine positive Wirkung hat. Bildung nimmt immer den Menschen als Ausgangspunkt und als Ziel. Sie stellt den Menschen in den Mittelpunkt des pädagogischen Denkens und Handelns.

6 Conclusio: Pädagogik vor Technik

REFLEXIONSAUFGABE:

Reflektieren Sie, wie die in diesem Buch diskutierten Ideen Ihr Verständnis von Digitalisierung im Bildungsbereich verändert haben: Wo liegen die Möglichkeiten und wo liegen die Grenzen einer Digitalisierung? Wer trägt die Verantwortung für Bildung und Erziehung? Was kann jeder von uns tun, um die Welt durch Digitalisierung zu verbessern?

ZIELE

In diesem Kapitel wird versucht, die wichtigsten Botschaften des vorliegenden Buches zusammenzufassen. Leitend dabei ist der Grundsatz „Pädagogik vor Technik". Wenn Sie dieses Kapitel abgeschlossen haben, sollten Sie die folgenden Fragen beantworten können:

- Was versteht man unter der Grammatik des Lernens und warum ist sie im Kontext einer Digitalisierung so wichtig?
- Was sind die nächsten Schritte für jede Schule, um Digitalisierung zu meistern?
- Was ist mit dem Grundsatz „Pädagogik vor Technik" gemeint?

Conclusio

Digitalisierung verändert alles. Ein Mantra, das man die Tage vielfach hört. Mag es für bestimmte Kontexte auch zutreffen, wie zum Beispiel für die Arbeitswelt und die Industrie, für den Bildungsbereich ist es nicht nur unzulänglich, sondern es ist sogar gefährlich. Denn dieses Mantra verkennt, dass die menschliche Evolution nicht mit der technischen Innovation gleichzusetzen ist. An der Grammatik des Lernens, die sich mit der Entwicklung des Homo sapiens herausgebildet hat, lässt sich dieser Fehlschluss verdeutlichen – und zwar exemplarisch an fünf Grundsätze, die vor allem im Zug einer Digitalisierung von Schule auftauchen:

Die Grammatik des Lernens

Erstens erfordert Lernen Anstrengung und Einsatz: Immer wieder wird aktuell die These vertreten, dass sich Lernen durch Digitalisierung völlig verändert. An einer zentralen Grammatik des Lernens lässt sie sich widerlegen, die mithilfe der Vergessenskurve verdeutlicht werden kann. So wissen wir aus zahlreichen psychologischen Studien, dass der Mensch um die sechs bis acht Wiederholungen braucht, um eine Information vom Kurzzeitgedächtnis ins Langzeitgedächtnis zu bringen. Fehlen diese Wiederholungen und die damit verbundene Anstrengung und der nötige Einsatz, so nimmt das Vergessen seinen Lauf. Der Moment des Vergessens beginnt also im Moment des Merkens. Und dies ist unabhängig davon, ob analog oder digital gelernt wurde.

Zweitens erfordert Lernen Herausforderungen: Es ist eine der beständigsten Botschaften von Technikkonzernen, dass Digitalisierung Lernen leichter macht. So schön diese These klingt, so falsch ist sie: Bildung im Allgemeinen und Lernen im Besonderen ist nichts Leichtes. Denn es schreitet über Umwege und Irrwegen voran, führt nicht selten zu Misserfolg und Scheitern, erzeugt Fehler. Insofern darf es im Bildungsbereich nicht darum gehen, Lernen möglichst leicht zu machen. Es muss darum gehen, Lernen möglichst herausfordernd zu gestalten. Das Flow-Erlebnis ist der beste empirische Beleg für diese Grammatik des Lernens: Menschen erreichen dann den Zustand tiefer Zufriedenheit, wenn sie einer Aufgabe nachgehen, die sie

Conclusio

herausfordert und insofern die Wahrscheinlichkeit des Erfolges genauso groß ist wie die Wahrscheinlichkeit des Scheiterns. Wenn Digitalisierung im Bildungsbereich wirksam werden soll, dann muss sie so eingesetzt werden, dass dank ihr die Herausforderung noch besser gesetzt werden kann also ohne sie.

Drittens erfordert Lernen positive Beziehungen: Es zählt zu einem der zentralen Ergebnisse der Anthropologie, dass der Mensch ein Gegenüber braucht, um sich selbst zu erkennen. Bei Martin Buber heißt es dementsprechend: Der Mensch wird am Du zum Ich. Fehlt dieses Gegenüber, ergeht es einem wie Robinson Crusoe: einsam und verlassen wird man sich fremd und verliert sich in einer Welt ohne Halt und Orientierung. Empirisch lässt sich diese Erkenntnis mittlerweile mehrfach belegen, so zum Beispiel mit dem Dumm-und-dümmer-Effekt: Menschen neigen dazu, sich in ihren Möglichkeiten zu überschätzen oder zu unterschätzen. Nur selten trifft das Bild, das man von sich zeichnet, ins Schwarze. Die Fremdeinschätzung ist wichtig, um sich daran zu reiben und sich zu hinterfragen. Insofern ist auch das – durch die Digitalisierung befeuerte – Gerede vom Lernbegleiter und vom überzogenen individualisierten Lernen wenig hilfreich, vielmehr unsinnig: Lernende brauchen nicht nur einen „guide on the side". Sie brauchen auch und in jeder Phase ihres Lebens einen „change agent", wie es John Hattie nennt: einen Menschen, der ihnen den Spiegel vorhält, der sie ermutigt und die Herausforderung setzt, wenn sie nicht an sich glauben, der sie aber auch bremst, wenn sie falsche Erwartungen an sich setzen. Zur Grammatik des Lernens gehören folglich Lehrpersonen, die mit bewusstem und verantwortungsvollem Veränderungswillen agieren – wohlwissend, dass sie nur Angebote des Lernens machen können, die der Lernende nur selbst nutzen kann.

Viertens erfordert Lernen Motivation: Der Klassiker in der Diskussion um den Mehrwert der Digitalisierung im Bildungsbereich ist die These, dass durch den Einsatz von Tablets, Smartphones & Co. die Lernmotivation steigt. Empirisch ist das schön abbildbar und auf den ersten Blick bestätigbar. Allerdings zeigt sich auf den zweiten Blick, dass diese Zunahme der Motivation nach zwei bis vier Wochen wieder abnimmt – spätestens dann, wenn Lernende merken, dass es doch nur ums Lernen geht. Und so leidet dieses Digitalisierungsargument an der Unkenntnis der Grammatik des Lernens, dass Lernen Motivation

Conclusio

erfordert: aber im Kern und auf Dauer eben keine Motivation, die außerhalb des Lernens liegt, sondern eine, die auf die Sache gerichtet ist, die es zu lernen gilt.

Fünftens erfordert Lernen Oberflächenverständnis, um Tiefenverständnis entwickeln zu können: In Zeiten von Alexa und Siri mag für viele unstrittig sein, dass dank Digitalisierung Menschen kein Faktenwissen mehr brauchen. Wissen ist jederzeit und überall verfügbar, so dass sich Lernende voll und ganz auf die Kompetenzentwicklung konzentrieren können. Diese Argumentation verkennt den Unterschied zwischen Faktenwissen und Klugheit sowie den Zusammenhang von Oberflächenverständnis und Tiefenverständnis, wie er in der Didaktik seit jeher bekannt ist. Damit Lernende in den Bereich des Tiefenverständnisses kommen können, der als sinnstiftendes, kreatives und problemlösendes Denken das Ziel von Bildung darstellt, müssen sie ein gewisses Maß an reproduzierbarem Wissen erworben haben. Allein zu wissen, wo etwas steht und wo eine Information aufzufinden ist, reicht nicht aus. Tiefenverständnis basiert auf Oberflächenverständnis. Und damit Lernende dieses weiterverarbeiten können, müssen die Fakten im Kopf sein – und nicht auf Platinen von Rechnern.

Es könnten noch viele weitere solcher Grundsätze des Lernens angeführt werden, aber die Kernbotschaft ist bereits sichtbar: Solange wir Menschen Menschen sind, solange bleibt Lernen Lernen. Daran wird auch eine Digitalisierung nichts ändern. Und jeder, der das behauptet und forciert, verkennt den Menschen und macht aus Menschen Maschinen. Das mag durchaus für so manchen ein Ziel sein, den Homo sapiens durch den Homo digitales zu ersetzen oder zumindest „upzugraden" – nach dem Motto: die künstliche Intelligenz ist die Lösung für die menschliche Dummheit. Aber dann reden wir nicht mehr von Bildung, sondern von Programmierung. Und es zählt nicht mehr das, was ich aus meinem Leben gemacht habe, sondern das, was man aus mir gemacht hat. Wenn wir aber weiterhin von Menschen und ihrer Bildung reden, dann lohnt die Beachtung der Grammatik des Lernens.

Conclusio

Was sind die nächsten Schritte auf dem Weg zur digitalen Schule?

Digitalisierung gehört heute mehr denn je zum Leben. Eine Schule, die sich der damit verbundenen erzieherischen Aufgaben verschließt, würde ihrem Bildungsauftrag nicht gerecht werden. Dieser beinhaltet aber immer auch, Möglichkeiten und Grenzen aufzuzeigen und zum Wohl der Kinder und Jugendlichen Entscheidungen zu treffen. Digitalisierung um der Digitalisierung willen läuft diesem Wohl zuwider, weil sie blind dem Diktat der Technik folgt und dabei den Menschen mit seinen Bedürfnissen und Möglichkeiten vergisst. Kurzum: Kinder müssen nicht nur lernen, die neuen Medien einzuschalten. Sie müssen auch wissen, wann es an der Zeit ist, sie auszuschalten. Und entsprechendes gilt auch für Lehrpersonen und ihren Unterricht: Lehrpersonen müssen wissen, wann es sich lohnt, neue Medien in den Unterricht zu integrieren, und wann es besser ist, mit traditionellen Medien zu arbeiten. Daraus ergeben sich verschiedene Entwicklungsfelder, damit digitales Lernen erfolgreich werden kann. Vier seien exemplarisch näher beschrieben:

Erstes Entwicklungsfeld „Pädagogische Expertise": Der Umgang mit neuen Medien in pädagogischen Kontexten macht deutlich, dass ein erfolgreicher Einsatz nicht nur vom Wissen und Können der Lehrpersonen abhängt. Denn weder reicht dafür eine ausgeprägte Fachkompetenz, noch ein hohes Maß an pädagogischer und didaktischer Kompetenz. Vielmehr benötigt all dieses Wissen und Können ein Wollen und ein Werten. Kompetenz (als Wissen und Können) und Haltung (als Wollen und Werten) sind folglich zentral für das Gelingen pädagogischer Interventionen und beide zeigen sich aus erkenntnistheoretischer Sicht als zwei Seiten einer Medaille (vgl. Zierer, 2015b). Wie gelingt es also, Lehrpersonen Kompetenz und Haltung im Umgang und Einsatz mit neuen Medien beizubringen?

Zweites Entwicklungsfeld „Fehlerkultur": Neue Medien bleiben immer ein Bindeglied zwischen Lernenden und Lehrenden. Insofern haben sie eine dienende Funktion innerhalb dieser Interaktion. In dieser können sie Lernen fördern, aber auch hemmen. Dass vieles davon abhängen wird, ob eine Lernkultur herrscht, in der Fehler begrüßt

Conclusio

werden, ja sogar ins Zentrum der Interaktion gerückt werden, zeigen Forschungen zu neuen Medien bereits heute. Das oben genannte Beispiel einer Sportlehrperson mag erneut zur Veranschaulichung des Gesagten dienen. Denn wenn diese den Bewegungsablauf einer Lernenden digital aufzeichnet, in die Zeitlupe geht, vor- und zurückspielt, dann nutzt sie neue Medien, um nach Fehlern zu suchen, um Fehler als Lernchancen zu begreifen, um Fehler in den Mittelpunkt des Lehrens zu rücken (vgl. Hattie & Zierer, 2017). Dieser Umgang mit Fehlern ist keine Selbstverständlichkeit. Neue Medien können helfen, eine entsprechende Fehlerkultur aufzubauen. Hierfür ist zu klären: Welche Voraussetzungen müssen auf Seiten der Lernenden und Lehrenden gegeben sein und welche Merkmale müssen neue Medien vorweisen, um eine entsprechende Fehlerkultur zu befördern?

Drittes Entwicklungsfeld „Kooperationskultur": Eines der größten Potenziale zur Leistungssteigerung in pädagogischen Kontexten ist im Austausch und der Kooperation der Lehrpersonen zu sehen. Darauf verweisen sowohl allgemeine Studien, wie beispielsweise „The Rational Optimist" von Matt Ridley (2010), als auch empirische Studien, wie die bereits angesprochenen Werke von John Hattie (2013, 2014; mit Yates 2015; mit Zierer 2017). Das Stichwort lautet in diesem Kontext „kollektive Intelligenz". Neue Medien bieten vielfältige Möglichkeiten für den Austausch und die Kooperation, obschon diese nicht selbstverständlich sind. Wie müssen folglich neue Medien gestaltet und in den Prozess des Austausches und der Kooperation eingebunden werden, damit kollektive Intelligenz entstehen kann, sichtbar wird und auf diesem Weg die Professionalität von Lehrpersonen positiv beeinflusst?

Viertes Entwicklungsfeld „Evidenzbasierung": Die Flut an Programmen und an Spielen, an Apps und vielem anderen mehr erfordert mehr denn je eine evidenzbasierte Ausrichtung in Forschung und Praxis. Nicht allein der Einsatz der neuen Medien ist erfolgreich, sondern erst wenn damit Lernprozesse nachhaltig befördert worden sind. Daraus resultiert die Herausforderung, zu klären, welche neue Medien wann und insbesondere warum erfolgreich Bildungsprozesse unterstützen, welche neue Medien dies wann und warum nicht tun und wie es Lehrpersonen vor Ort gelingen kann, diese Fragen zu beantworten. Und damit ist die Brücke geschlagen zum ersten Entwicklungsfeld

Conclusio

„Pädagogische Expertise": Lehrpersonen brauchen Kompetenz und Haltung – im Umgang mit neuen Medien, aber auch im Hinblick auf ihre eigene Professionalität. Sich selbst in einer Verantwortung für den Bildungserfolg von Lernenden zu sehen und sich diesbezüglich zu hinterfragen, ist eine der wichtigsten Kennzeichen erfolgreicher Lehrpersonen (vgl. Hattie & Zierer, 2017).

Es liegt also an uns Lehrpersonen, auf welche Zukunft hin wir zusteuern. Zur Veranschaulichung der Extreme habe ich in der Vergangenheit häufig folgende Bilder gezeigt:

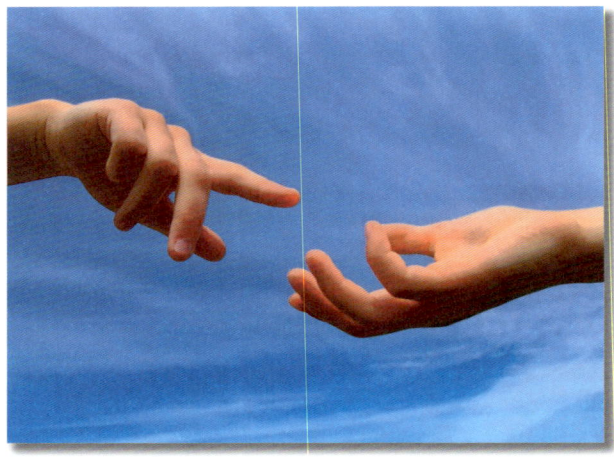

Conclusio

Was wollen wir? Warum ist uns Digitalisierung im Bildungsbereich wichtig? Bei der Beantwortung dieser Fragen lohnen aus meiner Sicht die Unterscheidungen, erstens was *technisch möglich* ist und was *pädagogisch sinnvoll* ist sowie zweitens was für *das Lernen* folgt und was für *die Bildung* zu beachten ist:

Technisch möglich ist es schon heute, dass ein Gesichtsscan Informationen über den Gemütsstand von Lernenden liefert. Aber ist es pädagogisch sinnvoll? Wenn Lehrpersonen eines Tages darauf zurückgreifen müssen, dann liegt bereits (zu) viel im Argen. In einer pädagogischen Atmosphäre kommen Lernende auf Lehrpersonen zu, wenn sie Sorgen haben, und Lehrpersonen sprechen Lernende an, wenn sie merken, dass etwas nicht stimmt. Technisch möglich ist es schon heute, Lernprozesse so zu verpacken, dass Kinder und Jugendliche das Lernen gar nicht mehr bemerken. Aber ist es pädagogisch sinnvoll? Wer Lernen als Unterhaltung interpretiert, verkennt die Bedeutung des Lernens für die Bildung und ignoriert die Grammatik des Lernens, die Herausforderung, Anstrengung und Einsatz ebenso erfordert wie Umwege, Irrwege und Fehler. Technisch möglich ist es schon heute, dass Fremdsprachen nicht mehr gelernt werden müssen, weil ein Computer als Simultanübersetzer fungiert. Aber ist es pädagogisch sinnvoll? Fremdsprachen sind mehr als Worte. Sie sind Träger von Kultur, von Werten und Normen, von Geschichte. Nicht umsonst folgert Johann Wolfgang von Goethe: „Wer fremde Sprachen nicht kennt, weiß nichts von seiner eigenen." Technisch möglich ist es schon heute, dass ein Laptop dem Lernenden ein Signal gibt, wenn es an der Zeit ist, eine Pause einzulegen. Aber ist es pädagogisch sinnvoll? Das Ziel von Bildung kann im mündigen Bürger gesehen werden, der frei ist von Zwängen und basierend auf seiner Vernunft Entscheidungen fällt. Nicht das, was *man* aus mir gemacht hat, ist folglich unter Bildung zu verstehen, sondern das, was *ich* aus meinem Leben gemacht habe.

Technik hat dem Menschen zu dienen – nicht umgekehrt. Wenn Technik dem Menschen seine Freiheit und seine Verantwortung nimmt, dann werden Menschen zu Maschinen – und es offenbart sich eine Situation, über die Albert Einstein sagt: „Ich fürchte mich vor dem Tag, an dem die Technologie unsere Menschlichkeit übertrifft. Auf der Welt wird es nur noch eine Generation aus Idioten geben." Und somit ist die Frage nach den Möglichkeiten einer Digitalisierung immer gekoppelt an die Grenzen der Digitalisierung und erfordert immerzu, die Chancen für das Lernen den Risiken für die Bildung gegenüberzustellen. Eine umfassende Medienbildung – bestehend aus Medienkunde, Mediennutzung, Mediengestaltung und Medienkritik – ist damit der grundlegende Auftrag einer Digitalisierung im Bildungsbereich.

Nachdenken über eine Post-Digitalisierung

Die Post-Wachstumsökonomie ist eine sowohl wissenschaftliche als auch gesellschaftspolitische Positionierung, die Selbstverständliches radikal infrage stellt. Im Fokus vor allem der Dreischritt: Wirtschaft – Wachstum – Wohlstand. Was soll daran falsch sein? Für viele ist er der Garant für den Erfolg Deutschlands. Bei aller Zustimmung, die dieser Erfolg verdient, weil er mit Statistiken leicht sichtbar zu machen ist, es besteht berechtigter Zweifel, ob dieser Erfolg nicht nur die eine Seite der Medaille ist. Folgt man hierzu den drei Perspektiven – ökonomisch, ökologisch und sozial – der Post-Wachstumsökonomie, so lässt sich festhalten: Noch nie zuvor war die Länderschere zwischen Arm und Reich dieser Welt so groß. Noch nie zuvor gab es so viele Menschen auf der Flucht – wegen Hunger, Krieg, Vertreibung. Noch nie zuvor stieg die Erderwärmung so stark an, verloren sich so viele Menschen in Einsamkeit, starben so viele Insekten, landete so viel Müll in den Weltmeeren, verödeten so viele Landstriche, wurde so viel Erde radioaktiv verseucht, Luft und Licht verschmutzt. Und noch nie zuvor war der Wettbewerb in den globalen Handelsmärkten so umkämpft und angespannt.

Allem Optimismus à la Hans Rossling in „Factfullness" und Steven Pinker in „Aufklärung jetzt" zum Trotz: Die Welt ist nicht nur im Lot. Die Welt ist auch aus den Fugen geraten. Es besteht kein Zweifel, dass es sich lohnt, anders zu denken, die Rosabrille abzunehmen und das, was als selbstverständlich erscheint, zu hinterfragen und als etwas unselbstverständliches zu betrachten. Letztlich verbindet sich damit ein uralter, antiker Anspruch an die menschliche Urteilskraft: Jeder Wert hat einen Gegenwert. Und die Wahrheit liegt so oft zwischen den Extremen. Wo ist also das rechte Maß, die goldene Mitte?

Conclusio

Aktuell erscheint dieser Anspruch in Vergessenheit geraten zu sein, gerade wenn man sich die Positionierungen zum Dauerthema anschaut: Digitalisierung ist das Schlüsselwort und für viele Motor für Innovation, Garant für Wohlstand, Kristallisationspunkt der nächsten Revolution – nur blöd, dass Revolutionen nicht immer gut für die Menschen sind. Nimmt man die Perspektiven der Post-Wachstumsökonomie, so lässt sich schon heute erkennen, dass Digitalisierung eine Schattenseite hat, die nicht aus den Augen verloren werden darf:

Unter ökonomischer Perspektive wird Digitalisierung ohne Zweifel neue Märkte eröffnen. Diese werden aufgrund des Fortschritttempos umstrittener und unklarer sein als jemals zuvor – erstreckten sich früher technische Entwicklungen noch über Generationen, so vollziehen sie sich heute bereits in wenigen Monaten, manchmal sogar nur Wochen. Die so entstehenden Märkte werden zudem dramatische Auswirkungen auf die Arbeitswelt haben: Eine Vielzahl an Arbeitsplätze wird mit Sicherheit verloren gehen, weil Digitalisierung sie überflüssig macht – Robotik und künstliche Intelligenz sind die Zauberworte. Das Mantra vieler Konzerne, dass durchaus aber auch neue Arbeitsplätze geschaffen werden, mag zutreffen, aber es bleibt bis heute nebulös. Das Einzige, was sicher erscheint, ist: Neue Arbeitsplätze werden neue Qualifikationen erfordern, auf die der Großteil der Gesellschaft nicht vorbereitet ist und auf die Schnelle auch nicht vorbereitet werden kann. Die Ökonomie wird sich folglich durch die Digitalisierung verändern – positiv wie negativ.

Unter sozialer Perspektive sind die Folgen einer Digitalisierung schon besser abschätzbar. Hierzu ein Beispiel: 99 Prozent der nachwachsenden Generation hat ein Smartphone und nutzt dieses täglich um die 240 Minuten. Für so manchen Jugendlichen ist das Smartphone wichtiger als Freundschaft, obschon viele über Stress klagen, der die Folge einer unreflektierten Smartphonenutzung ist. Addictive Design ist in diesem Zusammenhang das Schlüsselwort und es macht deutlich: Digitalisierung meint es nicht nur gut mit den Menschen.

Und schließlich sind unter ökologischer Perspektive die Folgen einer Digitalisierung bereits heute sichtbar: Moderne Technik basiert auf seltenen Erden, die nur unter schwierigsten Bedingungen und mit größtem Aufwand gewonnen werden können. Zudem sind diese

Conclusio

Ressourcen begrenzt und werden eines Tages zu Ende gehen – die Entsorgung des Elektroschrotts der Industrieländer in ärmeren Ländern tut ein Übriges. In der Folge ist jedes Smartphone alles andere als nachhaltig, sondern es hinterlässt aus ökologischer Sicht einen problematischen Fußabdruck. Und nur nebenbei sei bemerkt: Die Robo-Bee wird das Problem des Insektensterbens nicht lösen.

Es lohnt folglich, Digitalisierung zu hinterfragen und bereits heute über ihre Möglichkeiten, aber auch ihre Grenzen nachzudenken. Auf das Zeitalter der Digitalisierung wird das Zeitalter der Post-Digitalisierung folgen. Die Verantwortung der älteren Generation für die nachwachsende Generation erfordert es, Bedenken zu äußern und kritisch zu sein. Insofern ist es nicht nur die Frage, ob das Glas halb voll oder halb leer ist. Beide Perspektiven sind wichtig und helfen, das rechte Maß, die goldene Mitte zu finden.

Bildung vor Lernen und Lernen vor Technik

Aus meiner Sicht ist vor dem Hintergrund der angestellten Überlegungen und im Hinblick auf empirische Ergebnisse eines digitalen Lernens eine Schlussfolgerung zweifelsfrei:

Digitalisierung ist für eine zukunftsfähige Schule wichtig. Sie ist aber nicht der Heilsbringer für alle pädagogischen Heraus-forderungen. Der Ort der Bildung in Lehr-Lern-Prozessen ist in der Begegnung von Mensch zu Mensch zu sehen. Schulische Bildung bleibt im Wesentlichen eine Frage der gelingenden Interaktion zwischen Menschen. Technik ist in diese Interaktion sinnvoll zu integrieren und den Menschen unterzuordnen. Kurzum: Pädagogik vor Technik!

Conclusio

ZUSAMMENFASSUNG

Was versteht man unter der Grammatik des Lernens und warum ist sie im Kontext einer Digitalisierung so wichtig?

Lernen ist und bleibt Lernen. Es unterliegt im Wesentlichen evolutionären Aspekten und nicht technischen Entwicklungen. Dies zeigt sich in einer Reihe von Prinzipien, die die Grammatik des Lernens verdeutlichen.

Was sind die nächsten Schritte für jede Schule, um Digitalisierung zu meistern?

Schulen müssen sich weiterentwickeln, wenn sie den digitalen Wandel meistern wollen. Vier Entwicklungsfelder scheinen dafür unerlässlich: Professionalisierung, Fehlerkultur, Kooperationskultur, Evidenzbasierung.

Wie ist der Grundsatz „Pädagogik vor Technik" zu verstehen?

Versuche, das Grundprinzip „Pädagogik vor Technik" auf den Kopf zu stellen, lassen sich sowohl theoretisch als auch empirisch als pädagogisch unzureichend zurückweisen. Denn Technik vor Pädagogik zu stellen, läuft Gefahr, die Frage nach dem Warum nicht zu berücksichtigen und den Menschen als Mittel zum Zweck zu betrachten. Vor diesem Hintergrund lohnt bereits heute eine Auseinandersetzung mit einer Post-Digitalisierung.

Literatur

Baacke, D. (1997). *Medienpädagogik*. Tübingen: Niemeyer.

Birkelbach, R., et al. (Hrsg.). (2001). *Guinness Buch der Rekorde*. Hamburg: Guiness.

Brezinka, W. (1990). *Grundbegriffe der Erziehungswissenschaft – Analyse, Kritik, Vorschläge*. 5. Auflage. München: Reinhardt.

Bundesministerium für Familie, Senioren, Frauen und Jugend (2017). *Bericht über die Lebenssituation junger Menschen und die Leistungen der Kinder- und Jugendhilfe in Deutschland*.

Carr, N. G. (2010). *The shallows: What the internet is doing to our brains*. New York: Norton.

Chandler, P. & Sweller, J. (1991). Cognitive load theory and the format of instruction. *Cognition and Instruction, 8*, 293–332.

Cheng, Li, Ritzhaupt, Albert D. & Antonenko, Pavlo (2018). Effects of the flipped classroom instructional strategy on students' learning outcomes: a meta-analysis. *Educational Technology Research and Development*.

Common Sense (2017). https://www.commonsensemedia.org/videos/introduction-to-the-samr-model (letzter Zugriff am 27.04.2017)

Delgado, P., Vargas, C., Ackerman, R., & Salmerón, L. (2018). Don't throw away your printed books: A meta-analysis on the effects of reading media on comprehension. *Educational Research Review, Volume 25*, November 2018, Pages 23-38.

Fend, H. (2006). *Neue Theorie der Schule. Einführung in das Verstehen von Bildungssystemen*. Wiesbaden: VS.

Flechsig, K.-H. (1991). *Kleines Handbuch didaktischer Modelle.* Nörten-Hardenberg: Zentrum für didaktische Studien e.V.

Gardner, H., Csíkszentmihályi, M. & Damon, W. (2005). *Good Work. Für eine neue Ethik im Beruf.* Stuttgart: Klett-Cotta.

Hattie, J. (2013). *Lernen sichtbar machen.* Baltmannsweiler: Schneider.

Hattie, J. (2014). *Lernen sichtbar machen für Lehrpersonen.* Baltmannsweiler: Schneider.

Hattie, J. & Yates, G. C. R. (2015). *Lernen sichtbar machen aus psychologischer Perspektive.* Baltmannsweiler: Schneider.

Hattie, J. & Zierer, K. (2017). *Kenne deinen Einfluss! „Visible Learning" für die Unterrichtspraxis.* 2. Auflage. Baltmannsweiler: Schneider.

Hattie, J. & Zierer, K. (2018). *Visible Learning. Auf den Punkt gebracht.* Baltmannsweiler: Schneider.

Heidegger, M. (1954). *Die Frage nach der Technik.* Stuttgart: Neske.

Kates, Aaron W., Wu, Huang und Coryn, Chris L. S. (2018). The effects of mobile phone use on academic performance: A meta-analysis. In: *Computer & Education,* 127, S. 107 – 112.

Kearney, M., Schuck, S., Burden, K., & Aubusson, P. (2012). Viewing mobile learning from a pedagogical perspective. *Research in Learning Technology* 20: 14406. DOI: 10.3402/rlt.v20i0/14406

Klafki, W. (1996). *Neue Studien zur Bildungstheorie und Didaktik. Zeitgemäße Allgemeinbildung und kritisch-konstruktive Didaktik.* 5. Auflage. Weinheim: Beltz.

Kobek, J. (2016). *Ich hasse dieses Internet.* Frankfurt am Main: Fischer.

Koehler, M. J., & Mishra, P. (2009). What is technological pedagogical content knowledge? *Contemporary Issues in Technology and Teacher Education,* 9(1), 60-70.

Literatur

Luhmann, N. (2001). *Soziale Systeme. Grundriss einer allgemeinen Theorie*. Frankfurt am Main: Suhrkamp.

Marker, C., Gnambs, T. & Appel, M. (2018). Active on Facebook and Failing at School? In: *Educational Psychology Review, 30*, S. 651 – 677.

Mishra, P., & Koehler, M. J. (2006). Technological Pedagogical Content Knowledge: A framework for teacher knowledge. *Teachers College Record,* 108(6), 1017-1054. DOI: 10.1111/j.1467-9620.2006.00684.x.

Mobilelearningtoolkit (2018). http://www.mobilelearning toolkit.com/ipac-framework.html (last access 07/17/2018).

Montag, Chr. (2018). *Homo Digitales*. Wiesbaden: Springer.

Moritz, H. (2011). *Elektrosmog: Ursachen, Gesundheitsrisiken, Schutzmaßnahmen*. Aachen: Shaker.

Mueller, P. A. & Oppenheimer, D. M. (2014). The Pen Is Mightier Than The Keyboard. *Psychological Science,* 1–10.

Mutter, J. (2013). *Lass dich nicht vergiften! Warum Schadstoffe chronisch krank machen und wie wir ihnen entkommen*. München: Gräfe und Unzer.

Postman, N. (1988). *Wir amüsieren uns zu Tode – Urteilsbildung im Zeitalter der Unterhaltungsindustrie*. 19. Auflage. Frankfurt am Main: Fischer.

Prensky, M. (2010). *Teaching digital natives. Partnering for real learning*. Thousand Oaks, California: Corwin Press.

Prenzel, M., Sälzer, Chr., Klieme, E. & Köller, O. (2014): *PISA 2012. Fortschritte und Herausforderungen in Deutschland*. Münster: Waxmann.

Puentedura, R. C. (2017a). http://hippasus.com/resources/sweden 2010/SAMR_TPCK_IntroToAdvancedPractice.pdf (letzter Zugriff am 27.04.2017).

Literatur

Puentedura, R. C. (2017b). https://www.youtube.com/watch?v=W6j8soDYoaw&feature=youtu.be (letzter Zugriff am 27.04.2017).

Ridley, M. (2010). *The Rational Optimist.* New York: Harper.

Rosling, H. (2018). *Factfulness.* New York: Flatiron.

Rosman, Kati (2018): Twitter-Account, abgerufen am 20.03.2018

Shulman, L. S. (1986). Those who understand: Knowledge growth in teaching. *Educational Researcher*, 15(2), 4-14.

Sinek, S. (2016). Millenials. https://www.youtube.com/watch?v=NEsUudZvntE (last access 07/20/2018).

Spitzer, M. (2014). *Digitale Demenz. Wie wir uns und unsere Kinder um den Verstand bringen.* München: Droemer.

Spivack, N. (2017). www.novaspivack.com (letzter Zugriff 09.05.2017)

Stetina, B. U. & Kryspin-Exner, I. (Hrsg.) (2009). *Gesundheit und Neue Medien. Psychologische Aspekte der Interaktion mit Informations- und Kommunikationstechnologien.* Wien: Springer.

Ward, A. F., Duke, K., Gneezy, A., & Bos, M. W. (2017). Brain drain: The mere presence of one's own smartphone reduces available cognitive capacity. J*ournal of the Association for Consumer Research, 2* (2), 140–154.

We Are Social & Hootsuite (2018: Global Digital Report 2018. https://wearesocial.com/blog/2018/01/global-digital-report-2018 (last access 07/19/2018).

Weber, E. (1999). *Pädagogik - Eine Einführung.* Band I, Teil 3. Donauwörth: Auer.

Wheeler, S. (2017). www.steve-wheeler.co.uk/2010/07/web-x0-and-beyond.html (letzter Zugriff 09.05.2017)

Wilke, A. (2017). http://homepages.uni-paderborn.de/wilke/blog/2016/01/06/SAMR-Puentedura-deutsch/ (letzter Zugriff am 27.04.2017).

Wolf, M. (2007). *Proust and the squid. The story and science of the reading brain.* New York: Harper.

Zierer, K. (2014). *Hattie für gestresste Lehrer.* Baltmannsweiler: Schneider.

Zierer, K. (2015a). *Conditio Humana.* 4. Auflage. Baltmannsweiler: Schneider.

Zierer, K. (2015b). Educational Expertise. the concept of 'mind frames' as an integrative model for professionalisation in teaching. *Oxford Review of Education, 41* (6), 782–798.

Bildquellenverzeichnis

Seite 18:	© Udo Bojahr fotolia.com
Seite 18:	© Christos Georghiou fotolia.com
Seite 92 und 93:	Grafiken unter Verwendung des Blattes © PF-Images fotolia.com erstellt.
Seite 94:	Grafik unter Verwendung der zeigenden Hand © ~ Bitter ~ fotolia.com erstellt.
Seite 95:	Grafik unter Verwendung von Figuren © Christine Wulf und Staffelei © djdarkflower erstellt.
Seite 142:	© Fabian Zeiher
Seite 154:	© peshkova fotolia.com
Seite 154:	© Joss fotolia.com